COURS PRÉPARATOIRE

Enseignement Primaire
des Jeunes Filles

Grammaire Française

PAR

CROISAD

LIBRAIRIE D'ÉDUCATION
A. HATIER, Paris

COURS
DE
LANGUE FRANÇAISE

Grammaire — Orthographe — Vocabulaire
Rédaction — Récitation et Élocution

PAR

CROISAD

Des choses pour les idées
Des idées pour les mots.

Cours Préparatoire

PARIS
LIBRAIRIE D'ÉDUCATION A. HATIER
33, QUAI DES GRANDS-AUGUSTINS, 33

QUELQUES MOTS D'INTRODUCTION

Ce petit livre est destiné aux tout jeunes enfants de 6 à 8 ans.

Les leçons comprennent quelques notions de grammaire (*idée* du nom, de l'adjectif, etc.); des exercices pratiques de conjugaison, d'orthographe, de vocabulaire ; des sujets de récitation et des rédactions d'après l'image. Les leçons y suivent l'ordre pratique, c'est-à-dire celui dans lequel les enfants auront à les étudier; elles sont ainsi disposées :

une leçon de grammaire	une leçon de grammaire
une leçon de conjugaison	une leçon de conjugaison
une leçon de **récitation**	une leçon de **rédaction**

et ainsi de suite en faisant alterner la récitation et la rédaction après une double leçon de grammaire et de conjugaison.

Méthode. — Des *choses* pour les *idées*, des *idées* pour les *mots*, telle a été la pensée de l'auteur, et pour cela il fait d'abord lire et expliquer à l'enfant ou par l'enfant, soit une image, soit une phrase de démonstration, terminée par un résumé très court constituant la petite leçon à apprendre et toujours précédée de l'indication : *Lisez*, *copiez* et *apprenez*. — Le maître demeure libre dans son enseignement, comme dans le choix de ses exemples ; mais il serait peut-être utile qu'il terminât sa leçon personnelle par la *phrase de résumé* dont il est parlé ci-dessus et que devra apprendre l'enfant. — Les devoirs suivent naturellement les leçons, et quelques conseils, placés en renvois, complètent cet exposé de la méthode.

Orthographe — Vocabulaire. — Sous ce titre sont placés à la suite de chaque leçon de conjugaison, des exercices oraux et collectifs, consistant en l'épellation de quelques mots expliqués à l'aide de questions groupées sous la rubrique, *vocabulaire*.

Lecture — Récitation. — Chaque morceau de récitation est suivi d'un exercice d'**élocution** où l'enfant est appelé par des questions numérotées, à comprendre et à expliquer la fable qu'il va apprendre ou qu'il a apprise. (L'exercice d'élocution **précédera** et **suivra** utilement l'étude de **récitation.**)

Rédaction d'après l'image. — Chaque rédaction est faite d'après une image que l'enfant est invité à *observer* et à *commenter* au moyen d'un questionnaire suivant l'image et précédant la *rédaction* qui sera toujours faite oralement. Le devoir consiste en phrases très simples que l'enfant n'a qu'à copier d'abord, à compléter ensuite et enfin à composer entièrement. Ces rédactions sont surtout des *histoires à raconter*. L'auteur les a ainsi choisies parce que l'expérience lui a démontré qu'il est aussi facile et plus intéressant d'amener l'enfant à formuler le récit d'une action qu'il a *vue*, dont il aurait pu être le héros, qu'à décrire un objet usuel. L'**action** a, pour ce petit être essentiellement actif, quelque chose d'aussi concret que les choses elles-mêmes, et, si ces dernières lui fournissent les *idées* représentées par les *mots*, le récit d'une action, qui est en quelque sorte une chose animée, lui apprendra l'usage de la phrase.

Comme **disposition matérielle**, l'éditeur a pris soin de faire commencer chaque leçon au haut d'une page ; si une page ne suffit pas, la leçon prend deux pages presque toujours en regard l'une de l'autre, et ainsi l'enfant a sous les yeux la théorie, l'explication et les devoirs d'application. Ces derniers, très simples, sont généralement précédés d'un premier devoir initial donné comme copie et qui servira de modèle au second devoir, où l'enfant pourra montrer un peu d'initiative. On s'est servi pour ces **devoirs types** de caractères d'écriture anglaise afin de les rendre encore plus faciles aux jeunes élèves.

L'auteur et l'éditeur confient ce tout petit ouvrage aux jeunes élèves et à leurs maîtres ; ils espèrent plaire et être utiles aux premiers, et réclament des seconds, les critiques que leur suggérera l'usage, l'expérience ou le simple examen du livre.

GRAMMAIRE FRANÇAISE

Cours préparatoire

PREMIÈRE LEÇON

La langue française.

Lecture. — Enfants, quand vous étiez tout petits, vous ne parliez pas, vous étiez comme de petits muets. C'est votre mère qui vous a appris à parler, et comme elle est Française, que vous êtes vous-mêmes des enfants du beau pays de France, elle vous a appris à parler le français. En Russie on parle le russe, en Angleterre on parle l'anglais, en Allemagne on parle l'allemand, et en Italie, l'italien. Chacun doit bien parler la langue de son pays, la langue maternelle, celle que la mère apprend à ses petits enfants.

Devoirs et leçons.

Épelez, copiez et apprenez :

1. *Le français est la langue que l'on parle en France*

2. *Le livre où l'on apprend à bien parler et à bien écrire le français s'appelle la grammaire française*

DEUXIÈME LEÇON

CONJUGAISON : **verbe *être***[1].

LECTURE. — Moi ***je suis*** sage; toi ***tu es*** sage; lui aussi ***il est*** sage.

EXPLICATION. — Souvent quand un enfant parle de lui-même, il dit : *Je suis*... Parfois, quand un enfant parle à un autre, il dit : *Tu es*... Enfin quand il parle d'un autre enfant, il dit : *Il est*... Mais lorsqu'il parle d'une petite fille, il dit : *Elle est*... En parlant ainsi on emploie le verbe **être**.

Lisez et apprenez :

3. Quand on dit : *je suis*, *tu es*, *il est*, *elle est*, on emploie le verbe **être**.

Devoir.

3. Lisez, épelez et copiez, en remplaçant *docile :* 1° par *modeste;* 2° par *obéissant;* 3° par *ignorant;* 4° par *maladroite.*

MODÈLE *Je suis docile. Tu es docile. Il est docile. Elle est docile.*

Orthographe[2]. — Épelez : *France*, *française*, *langue*, *grammaire*, *leçon*, *devoir*.

Vocabulaire[2]. — 1. Dites quel est votre pays. — 2. Avec quoi parlez-vous ? — 3. Tout le monde parle-t-il français ? — 4. Dans quel livre apprend-on à bien parler et à bien écrire le français ?

1. **Conseils :** 1° CONJUGAISON : Faire lire collectivement le temps ou la partie du temps qui fait l'objet de la leçon; faire relire ensuite individuellement ou par les élèves de chaque table en changeant chaque fois d'attribut. Terminer en faisant épeler et écrire le temps sur l'ardoise ou le cahier. On procédera d'une façon analogue pour tous les exercices de conjugaison.

2. ORTHOGRAPHE, VOCABULAIRE. Ces exercices se feront toujours oralement.

TROISIÈME LEÇON

RÉCITATION[1]

La renoncule et l'œillet.

La renoncule un jour, dans un bouquet,
Avec l'œillet se trouva réunie.
Elle eut le lendemain le parfum de l'œillet :
On ne peut que gagner en bonne compagnie.

BÉRANGER.

Élocution. — 1. Avez-vous vu des renoncules? — 2. Les renoncules n'ont pas de parfum, mais l'œillet a-t-il du parfum? — 3. Où se trouva un jour la renoncule et que lui arriva-t-il? — 4. A qui s'adresse le dernier vers? — 5. Où êtes-vous assurés de vous trouver en bonne compagnie? — 6. En allant là seulement, où vos parents vous envoient, en ne jouant qu'avec les enfants qu'ils vous donnent comme amis, serez-vous certains de vous trouver en bonne compagnie? — 7. Si vous ne gagnez pas le parfum de l'œillet, qu'y gagnerez-vous?

Devoirs.

4. Rappelez-vous les noms de toutes les fleurs que vous connaissez et citez-les.

5. Épelez les mots suivants et dites s'ils désignent des fleurs avec ou sans parfum : *rose*, *violette*, *marguerite*, *lis*.

6. Écrivez de mémoire les mots que vous venez d'épeler.

1. Il serait bon que chaque leçon de récitation fût lue à haute voix : 1° par le maître ; 2° par les élèves. Le maître expliquerait ensuite le morceau à apprendre et le ferait expliquer par les élèves en se servant des questions de l'exercice intitulé : *Élocution*, et en apprenant du même coup aux enfants à s'en servir eux-mêmes.

QUATRIÈME LEÇON

Les phrases et les mots[1].

Je chéris ma mère. J'aime mon pays.

EXPLICATION. — *Je* est un mot, *chéris* est un mot, *ma* est un mot, *mère* est un **mot**. Les quatre mots : *Je chéris ma mère* forment une **phrase**. *J'aime mon pays* est aussi une **phrase**.

Lisez, copiez et apprenez :

4. Pour parler et pour écrire, on se sert de **mots** : *mon* est un mot, *père* est un mot.

5. Plusieurs mots réunis pour dire ce que l'on fait, ce que l'on pense ou ce que l'on voit forment une **phrase** : *Maman aime Bébé*, est une phrase de trois mots.

6. Une phrase commence par une **grande lettre** et finit par un **point**.

Devoir. — 7. Copiez en séparant les mots par un trait et les phrases par une croix.

Mon père sort de grand matin. Le soir il rentre fatigué de son travail. Il me prend alors sur ses genoux. Il m'embrasse si j'ai été sage.

1. **Conseils pour toutes les leçons.** — Écrire au tableau noir la *phrase* destinée à la démonstration et la faire lire ; appeler par des questions l'attention des élèves sur les mots qui feront l'objet de la démonstration et qui seront soulignés ; faire lire ensuite les explications qui suivent la *phrase* et terminer par la règle qui sera apprise et *au besoin copiée.*

CINQUIÈME LEÇON

Verbe *être*.

Lecture. — ***Nous sommes*** sages, quoique petits; ***vous*** aussi, ***vous êtes*** sages, quoique petits; et ***eux*** aussi, ***ils sont*** sages, quoique petits.

Explication. — Quand plusieurs enfants parlent d'eux-mêmes, ils disent : *Nous* **sommes** *sages*. Quand plusieurs enfants parlent à plusieurs autres, ils disent : *Vous* **êtes** *sages*. S'ils parlent de plusieurs autres enfants, ils disent : *Ils* **sont** *sages*. Mais s'ils parlent de plusieurs petites filles, ils disent : *Elles* **sont** *sages*. En parlant ainsi, on emploie encore le verbe **être**.

Épelez et apprenez :

7. Quand on dit : *nous sommes*, *vous êtes*, *ils sont* ou *elles sont*, on emploie le verbe **être**.

Devoir. — 8. Copiez trois fois en remplaçant *aimables* par : 1° *habiles*; 2° *obéissants*; 3° *contents*.

Maintenant nous sommes aimables.

Maintenant vous êtes aimables.

Maintenant ils sont aimables.

Orthographe. — Épelez : *papa*, *maman*, *cœur*, *obéissant*, *appliqué*.

Vocabulaire. — 1. Quels sont les premiers mots que disent les tout petits enfants? — 2. Avec quoi aime-t-on ses parents? — 3. L'enfant obéissant à la maison, sage et appliqué à l'école aime-t-il bien son papa et sa maman?

SIXIÈME LEÇON

Rédaction d'après l'image.

Aimez et respectez les vieillards.

Questionnaire. — 1re *image :* Qui voyez-vous sur la première image? Quel temps fait-il? La pauvre vieille a-t-elle un parapluie? Et les deux petits enfants en ont-ils? — 2e *image :* Que font les petits enfants? Pourquoi la petite fille se lève-t-elle sur la pointe des pieds? Et le petit garçon pourquoi donne-t-il la main à la pauvre vieille? — 3e *image :* Qui voyez-vous ici? Que racontent les deux petits enfants? La maman grondera-t-elle ses petits enfants parce qu'ils se seront attardés pour conduire la vieille dame?

Racontez, de vive voix, cette petite histoire.

Devoir. — **9.** Épelez et copiez :

Il pleut à torrents. Une pauvre vieille femme, toute courbée par l'âge, est sans parapluie, sous l'averse. Pierre et Marguerite la regardent. Ils vont tous deux près de la vieille dame. Marguerite l'abrite sous son parapluie et Pierre lui donne la main pour l'aider à franchir le ruisseau. Marguerite et Pierre racontent ensuite ce qu'ils ont fait à leur maman qui les approuve.

SEPTIÈME LEÇON

Les mots et les syllabes.

LECTURE. — ***Jean*** a six ans, Jean est tout ***petit;*** mais à six ans, si petit que l'on soit, on va à l'école apprendre à lire, à écrire et à être sage.

EXPLICATION. — Le mot *Jean* se prononce tout d'un coup. Jean est un mot d'une syllabe; *petit* qui se prononce en deux fois est un mot de deux syllabes : *pe-tit*.

Lisez, copiez et apprenez :

8. Une **syllabe** est un mot ou une partie d'un mot qui se prononce en une seule fois : *la bon-té*.

9. Les mots sont d'une syllabe : *Jean a six ans*, ou de plusieurs syllabes : *Vé-ri-té*, *o-bé-is-sant*[1].

Devoir.

10. Copiez en mettant après chaque mot un chiffre indiquant le nombre des syllabes qu'il renferme.

Bébé a six ans. Il demeure au coin de la rue. Il vient tous les matins à l'école. Sa maman le conduit par la main. Bébé est sage et appliqué.

1. Faire trouver et reconnaître oralement des mots d'une ou de plusieurs syllabes.

HUITIÈME LEÇON

Verbe *être*.

Hier matin *j'étais* à l'école de bon matin.
Hier matin *tu étais* à l'école de bon matin.
Hier matin *il* ou *elle était* à l'école de bon matin.
Hier matin *nous étions* à l'école de bon matin.
Hier matin *vous étiez* à l'école de bon matin.
Hier matin *ils* ou *elles étaient* à l'école de bon matin.

10. Où est le verbe *être* dans les phrases que vous venez de lire? Épelez et apprenez ce verbe.

Devoir[1].

11. Copiez le verbe *être*, en remplaçant les mots *à l'école de bon matin* par : 1° *sans zèle;* 2° *sans force;* 3° *sans joie;* 4° *sans gaieté;* 5° *sans complaisance;* 6° *sans idées.*

MODÈLE : *Hier, j'étais sans zèle.*

Orthographe. — Lisez et épelez : *Chapelle, autel, crucifix, chandelier, cierge, bannière, procession, encensoir, enfant de chœur, bénitier.*

Vocabulaire. — 1. Nommez les objets que l'on voit dans une chapelle? — 2. Qu'y a-t-il sur l'autel? — 3. Que représente le crucifix? — 4. Où met-on les cierges? — 5. Quand porte-t-on les bannières autour de l'église? — 6. A quoi sert l'encensoir? — 7. Que fait l'enfant de chœur? — 8. Où se place le bénitier?

1. Tout devoir pourra être utilement fait de vive voix avant d'être donné à faire par écrit.

NEUVIÈME LEÇON

RÉCITATION

Lisez à haute voix et apprenez :

Notre père des cieux.

Notre Père des cieux, père de tout le monde,
De vos petits enfants, c'est vous qui prenez soin.
Mais à tant de bonté vous voulez qu'on réponde
Et qu'on demande aussi dans une foi profonde
Les choses dont on a besoin.
Notre Père des cieux, bénissez ma jeunesse :
Pour mes parents, pour moi, je vous prie à genoux ;
Afin qu'ils soient heureux, donnez-moi la sagesse,
Et puissent leurs enfants les contenter sans cesse
Pour être aimés d'eux et de vous !

Mme TASTU (Perrin et Cie, éditeurs).

Élocution. — 1. Quel est ce père des cieux auquel le petit enfant s'adresse ? — 2. Pourquoi le prie-t-il ? — 3. Demandez-vous aussi à vos parents les choses dont vous avez besoin ? — 4. Si vous ne le demandiez pas, vos parents ne vous donneraient-ils pas ce qu'il vous faut ? — 5. Cependant ils sont satisfaits quand vous le leur demandez gentiment et câlinement ? — 6. L'enfant qui prie a donc raison de demander à Dieu ? — 7. Mais ne demande-t-il que pour lui-même ? — 8. Quel est le bonheur des parents ? — 9. Ne doit-on prier Dieu que pour lui demander ? — 10. Puisqu'il donne toujours, ne doit-on pas le remercier ?

Devoir. — 12. Faites une liste des mots de trois syllabes renfermés dans cette poésie.

DIXIÈME LEÇON

Les mots et les lettres.

LECTURE.

Le petit Jean est heureux et fier.

Il est le bâton de vieillesse de son grand-père !

EXPLICATION. — Le mot *Le* est composé des deux lettres *l*, *e;* le mot *petit* est composé de cinq lettres : *p*, *e*, *t*, *i*, *t*. Pour écrire tous les mots français, les vingt-six lettres de l'alphabet suffisent. Les lettres qui comme, *a*, *e*, *i*, se prononcent seules sont des voyelles, les autres lettres comme *b*, *m*, *r*, *s*, sont des consonnes.

Lisez et apprenez :

11. Pour écrire les mots on se sert de **lettres** : *ami*.

12. Tous les mots français s'écrivent avec les vingt-six lettres de l'alphabet français : *a*, *b*, *c*, *d*, *e*, *f*, *g*, *h*, *i*, *j*, *k*, *l*, *m*, *n*, *o*, *p*, *q*, *r*, *s*, *t*, *u*, *v*, *w*, *x*, *y*, *z*.

13. Les lettres *a*, *e*, *i*, *o*, *u*, *y*, sont des **voyelles**.

14. Les autres lettres sont des **consonnes**.

DIXIÈME LEÇON (*suite*).

Devoirs[1].

13. Copiez en mettant un point sous les voyelles :

Grand-père a des cheveux blancs. Il ne voit plus bien clair; il marche difficilement. Grand-père s'appuie sur mon épaule et il dit que je suis son bâton de vieillesse.

14. Copiez une deuxième fois le devoir **13** en mettant une croix sous les consonnes.

15. Lisez et, après avoir lu chaque mot, nommez les *voyelles* qu'il renferme :

Maman a lu la note de mon livret et papa a souri. Samedi je rapporterai encore un bon bulletin, tout le monde sera content; et papa et maman m'embrasseront, parce que je leur aurai fait plaisir.

16. Copiez le devoir **15** en mettant un point sous les voyelles.

16 *bis*. Lisez et, après avoir lu chaque mot, nommez les *consonnes* qu'il renferme :

école,	leçon,	page,	courage,
livret,	devoir,	ligne,	force,
note,	livre,	mot,	paresse,
bon,	cahier,	lettre,	petit,
point,	crayon,	chose,	grand,
bulletin,	plume,	idée,	malade.

1. Faire reconnaître les voyelles dans les mots de la lecture du jour, après les avoir fait étudier ainsi : **a** est une voyelle, **e** est une voyelle, **o** est une voyelle, etc. Agir de même pour les consonnes.

ONZIÈME LEÇON

Verbe *être*.

Avant-hier *je fus* en retard.
Ce matin *tu fus* en retard.
Avant-hier *il* ou *elle fut* en retard.
L'autre jour *nous fûmes* en retard.
Avant-hier *vous fûtes* en retard.
Avant-hier *ils* ou *elles furent* en retard.

14 *bis*. Où est le verbe **être**, dans les phrases que vous venez de lire? Épelez et apprenez ce verbe.

Devoir.

17. Copiez le verbe **être** en remplaçant les mots *en retard* par : 1° *charitable;* 2° *en bonne compagnie;* 3° *raisonnable;* 4° *malpropre;* 5° *à l'école;* 6° *agile.*

MODÈLE : *Avant-hier je fus charitable.*

Orthographe. — Épelez : *Grand-père, vieillesse, bâton, respect, amour, cheveux blancs.*

Vocabulaire. — 1. Dites comment vous appelez le père de votre père. — 2. Pourquoi grand-père a-t-il des cheveux blancs, des yeux qui ne voient plus clair, des jambes qui le soutiennent à peine? — 3. Être vieux, n'est-ce pas avoir vécu longtemps parmi les bons et les méchants, avoir beaucoup travaillé, beaucoup souffert? — 4. Ne devez-vous pas aimer et respecter votre grand-père et ceux qui, comme lui, ont beaucoup travaillé et beaucoup souffert? — 5. Qu'est-ce que le bâton de vieillesse de grand-père? — 6. Qui d'entre vous veut être le bâton de vieillesse de son grand-père?

DOUZIÈME LEÇON

Rédaction d'après l'image.

Ne soyez pas égoïstes.

Questionnaire. — Que voyez-vous sur l'image ? — Est-ce bien bon les gâteaux ? — Les aimez-vous ? — La petite fille que nous voyons là les aime-t-elle aussi ? — Comment l'appellerons-nous ? — Que fait la petite Renée ? — Croyez-vous que le petit garçon en haillons aime aussi les gâteaux ? — N'aura-t-il pas le cœur gros de voir Renée manger le sien, lui qui n'a peut-être pas de pain ? — Qu'arrive-t-il sur la deuxième image ? — Et sur la troisième ? — Renée a-t-elle bien fait ?

Racontez, de vive voix, cette histoire.

Devoir.

18. Épelez et copiez :

La petite Renée entre chez le pâtissier ; elle a son porte-monnaie à la main ; elle va acheter un gâteau. La voici qui sort ; elle porte son gâteau à la bouche, mais elle voit un pauvre petit en haillons, collé près des vitres et la regardant tristement. Renée n'a plus faim de son gâteau, elle le partage avec le petit malheureux et lui donne encore un sou pour qu'il puisse acheter du pain. Renée a bon cœur et n'est pas égoïste.

TREIZIÈME LEÇON

Les trois sortes d'e.

LECTURE. — Julie écrit à sa mère pour sa fête.

EXPLICATION. — L'*e* de *Julie* ne s'entend pas; c'est un **e muet.** L'*e* du mot *écrit* se prononce la bouche presque fermée, c'est un **é fermé**. Dans *mère* et dans *fête* le premier *é* se prononce la bouche très ouverte, c'est un **è ouvert**.

Lisez, copiez et apprenez :

15. Il y a trois sortes d'*e*.
L'**e muet** comme dans *Marie*.
L'**é fermé** comme dans *vérité*.
L'**è ouvert** comme dans *père*, *bêche*.

Devoir.

19. Copiez en mettant un point sous les *e muets*, deux points sous les *é fermés*, trois points sous les *è ouverts*.

Allons dans la rue ou sur la place voir la fête du pays. Mon oncle Émile nous conduira. Il nous mènera dans la baraque où il y a un lièvre savant, un tigre, un chien sauvage, même une louve.

1. Se servir de la leçon de lecture pour faire reconnaître les trois sortes d'e.

QUATORZIÈME LEÇON

Verbe *être*.

Ce matin

J'ai été matinal	*Nous avons été* matinals
Tu as été matinal	*Vous avez été* matinals
Il a été matinal	*Ils ont été* matinals
Elle a été matinale	*Elles ont été* matinales.

16. Où est le verbe **être** dans les phrases que vous venez de lire? Épelez et apprenez ce verbe.

Devoir.

20. Copiez le verbe **être** en remplaçant *matinal* par : *docile, attentif, récompensé, bonne, utiles, gais, bons, tristes.*

MODÈLE : *Ce matin j'ai été docile*

Orthographe. — 1. Lisez et épelez : *vérité, dragée, année, nez, poirier, menuisier, premier, dernier.*

2. Dans ces mots l'*e* de la dernière syllabe se prononce-t-il de même ?

3. Cet *e* qui se prononce de même s'écrit-il de même ?

Vocabulaire. — 1. Quand dit-on la vérité ? — 2. Fait-on bien de dire la vérité ? — 3. Si la vérité est une méchanceté, ne fait-on pas *mieux* de se taire ? — 4. A quelle époque de l'année donne-t-on des dragées aux enfants? — 5. Aimez-vous le premier jour de l'année? — 6. Que faites-vous ce jour-là tout au matin? — 7. Est-ce pour avoir des dragées que vous courez dès le matin du jour de l'an embrasser vos parents? — 8. Que faut-il faire encore pour bien commencer l'année?

QUINZIÈME LEÇON

RÉCITATION

Le coq et l'horloge.

Certaine horloge, un jour, dit au coq du clocher
« Tourner au moindre vent, quelle tête légère?
— Est-ce à toi, répond l'autre, à me le reprocher?
Marquer d'où vient le vent est mon unique affaire.
— C'est agir sans savoir. — Toi-même est dans ce cas.
— Comment? — Tu marques l'heure et tu ne la sais pas. »

LE BAILLY.

Élocution. — 1. Un coq et une horloge parlent-ils réellement? — 2. Alors à qui pense-t-on en récitant cette fable? — 3. Ne pense-t-on pas aux petits enfants qui sont toujours prêts à reprocher un défaut à leurs petits camarades? — 4. Ces enfants ne devraient-ils pas, avant de parler, examiner s'ils n'ont pas eux-mêmes le défaut qu'ils reprochent aux autres? — 5. Si les enfants ne réfléchissent pas toujours avant de parler, n'est-ce pas parce qu'ils sont étourdis et moqueurs? — 6. Que devez-vous éviter, pour ne pas mériter qu'on pense à vous en lisant cette phrase?

Devoirs.

21. Cherchez dans cette fable les mots de trois syllabes renfermant la lettre **e** ; épelez-les et écrivez-les de mémoire.

21 *bis*. Lisez, épelez et après avoir lu chaque mot dites s'il renferme un **e**.

horloge,	année,	nuit,	fatigue,
pendule,	mois,	heure,	joie,
montre,	semaine,	minute,	bonheur,
cadran,	jour,	plaisir,	tristesse.

SEIZIÈME LEÇON

Les trois accents : ´, `, ^.

LECTURE.

Bébé se promène dans la forêt.

Comme il est petit sous les grands arbres !

EXPLICATION. — Sur l'*é* fermé de *bébé* il y a un **accent aigu**. Sur l'*è* ouvert de *promène* il y a un **accent grave** et sur l'*ê* ouvert de *forêt* il y a un **accent circonflexe**.

Il faut faire attention à ces accents qui changent le son de l'e.

Épelez, copiez et apprenez.

17. Il y a trois accents : l'*accent* **aigu** (´), l'*accent* **grave** (`), et l'*accent* **circonflexe** (^).

Exercice oral.

21 *ter*. Lisez et indiquez les mots renfermant un e surmonté d'un accent :

Petite mère m'apprend à aimer mon père, mais elle m'apprend aussi que nous avons dans le ciel un autre père. Cet autre père, c'est le bon Dieu, qui nous a tout donné, qu'il faut savoir aimer en étant bien sage, et auquel il faut dire merci en faisant sa prière.

SEIZIÈME LEÇON (*suite*).

Devoirs[1].

22. Copiez en soulignant les **e** surmontés d'un accent aigu, d'un accent grave ou d'un accent circonflexe.

Voici un mois que mon père m'a envoyée à l'école. Nous sommes trente élèves dans notre classe. Je serais fière d'être une bonne élève et je m'applique pour ne pas être dans les dernières de l'école, mais je suis bien petite et surtout bien étourdie.

22 *bis*. Même devoir qu'au n° 22.

Berthe regarde une plume légère emportée par le vent. Un oiseau l'a vue aussi, il s'en est emparé, et l'a déposée dans son nid, sur le grand chêne. La plume servira avec des brins de laine à réchauffer les petits oisillons, lorsque leur mère ira dans la forêt, dans la prairie, leur chercher la becquée.

1. Faire reconnaître oralement les accents du devoir, ainsi que ceux qui se trouveraient dans la leçon de lecture du jour.

DIX-SEPTIÈME LEÇON

Verbe *être*.

Demain *je serai* loin de l'école.
Demain *tu seras* loin de l'école.
Demain *il* ou *elle sera* loin de l'école.
Demain *nous serons* loin de l'école.
Demain *vous serez* loin de l'école.
Demain *ils* ou *elles seront* loin de l'école.

18. Où est le verbe **être** dans les phrases que vous venez de lire? Épelez et apprenez ce verbe.

Devoir.

23. Copiez le verbe **être** en remplaçant *loin de l'école* par : 1° *en promenade;* 2° *en chemin de fer;* 3° *en voiture;* 4° *en omnibus;* 5° *à la promenade;* 6° *en vacances.*

Modèle :

Demain je serai en promenade.

Orthographe. — 1. Lisez et épelez les mots : *forêt*, *poulet*, *fourmilière*, *lierre*, *terre*.

2. Dans forêt et poulet, comment se prononce l'*e* de la dernière syllabe? — 3. Quelle sorte d'*e* est cet *e*? — 4. N'y a-t-il pas aussi un *e* ouvert dans fourmilière, lierre et terre? — 5. Comment s'écrit-il?

Vocabulaire. — 1. Qu'est-ce qu'une forêt? — 2. Y voit-on des fourmilières? — 3. Du lierre? — 4. Qu'est-ce qu'une fourmilière? — 5. Le lierre?... etc.

DIX-HUITIÈME LEÇON

Rédaction d'après l'image.

Respectez le sommeil de grand'mère.

Questionnaire. — 1re *image :* 1. Quels personnages voyez-vous sur la première image? — 2. Où est la grand'mère? — 3. Que fait-elle? — 4. Que fait le petit chat? — 5. Et la petite Marie?

2e *image :* 6. Le petit chat a-t-il attrapé le peloton de laine? — 7. Que fait Marie? — 8. Et la grand'mère?

3e *image :* 9. Qu'est-il arrivé? — 10. Qu'aurait dû faire Marie au lieu de jouer avec le peloton de laine et le petit chat?

Racontez de vive voix l'histoire représentée par ces images.

Devoir.

24. Épelez et copiez :

Grand'mère dort dans son fauteuil, son tricot sur ses genoux, son chat à ses pieds et Marie à côté d'elle. Marie montre au chat la pelote de laine de grand'mère : le petit chat l'attrape. Marie tire sur la laine qui se casse et le petit chat tombe sur le dos, les pattes en l'air. Grand'mère s'éveille, elle est mécontente et Marie pleure.

DIX-NEUVIÈME LEÇON

Le nom.

LECTURE.

Marie met un beau *ruban* rouge au cou de son *chien*.

EXPLICATION. — Le mot *Marie* nomme une **personne**. Le mot *chien* nomme un **animal**. Le mot *ruban* nomme une **chose**. *Marie*, *chien*, *ruban*, sont des **noms**.

Lisez et apprenez.

19. Le **nom** est un mot qui sert à nommer une personne, un animal ou une chose : *Marie*, *chien*, *ruban*.

Devoir[1]. — **25.** Lisez et copiez en soulignant les noms :

André a une petite sœur appelée Eugénie. Eugénie dort dans son berceau et le chat fait ronron sur le fauteuil. La maman travaille silencieusement et André assis sur le tapis dessine un mouton, un cheval et une chèvre.

1. Faire reconnaître les noms dans la lecture du jour.

VINGTIÈME LEÇON

Conjugaison.

Les trois temps.

Aujourd'hui, *je suis* distrait.
Hier *j'étais* paresseux.
Demain *je serai* plus raisonnable.

Explication. — *Aujourd'hui* désigne le jour ou le temps qui dure encore au moment où l'on parle ; c'est-à-dire le **temps présent**.

Hier désigne le jour ou le temps qui est passé, qui ne reviendra plus, c'est-à-dire le **temps passé**.

Demain indique le jour ou le temps qui viendra plus tard, dans l'avenir, c'est-à-dire le **temps futur**.

Lisez et apprenez.

20. Il y a **trois temps** :
Le *présent*, qui dure encore.
Le *passé*, qui ne reviendra plus.
Le *futur*, qui viendra plus tard.

Exercice oral.

26. Lisez et reconnaissez les mots qui désignent le *présent*, le *passé* et le *futur* :

Autrefois Bébé ne savait pas se servir de ses jambes ; maintenant, il marche pas à pas en tenant la main de maman ; l'année prochaine, il marchera seul comme un homme.

VINGTIÈME LEÇON (*suite*).

Devoirs.

27. Copiez :

Je suis content aujourd'hui : Temps présent.
J'étais triste hier : Temps passé.
Je serai gai demain : Temps futur.

28. Avec les phrases suivantes, faites un devoir semblable au devoir n° 27.

Nous sommes braves aujourd'hui : Temps...
Nous étions timides hier : Temps...
Nous serons courageux demain : Temps...

29. Même devoir : Quand j'étais malade (temps...) ma mère me soignait (temps...) jour et nuit. Maintenant je suis convalescent (temps...) et quand je serai guéri (temps...) je travaillerai courageusement (temps...) pour faire plaisir à maman.

Orthographe. — Épelez : *Saison*, *printemps*, *été*, *automne*, *hiver*.

Vocabulaire. — 1. Quelles sont les quatre saisons de l'année? — 2. Le printemps n'est-il pas la saison des fleurs? — 3. Quand fait-on la moisson? — 4. Quelle est la saison des fruits? — 5. Et celle du froid, des neiges? — 6. Laquelle de ces saisons préférez-vous? — 7. Mais ne sont-elles pas toutes utiles? — 8. L'hiver, quand la terre se repose et que les malheureux ont froid et faim, que peuvent faire les riches? — 9. Vous-mêmes, tout petits, ne pouvez-vous rien pour les enfants et les oiseaux qui ont faim?

VINGT ET UNIÈME LEÇON

RÉCITATION

Dieu fait tout.

« Comment est-ce que Dieu les a peintes, les fleurs ?
Où donc a-t-il pris des couleurs ?
— Voyant les terres toutes nues,
Dieu s'est mis à sourire et les fleurs sont venues.
— C'est fort ! mais il a donc fait tout ce grand bon Dieu ?
— Tout, mon enfant ; la terre et l'eau, l'air et le feu,
Et toutes les choses connues.
— Et toi, mère, est-ce qu'il t'a faite aussi ? — Qui ? moi ?
Sans doute : te voilà stupéfait, immobile !
— Ah ! cela devait être un peu difficile
De faire une maman aussi bonne que toi ! »

L. RATISBONNE.

Extrait de la *Comédie enfantine* (HETZEL et Cie, éditeurs).

Élocution. — 1. Que demande l'enfant qui interroge dans la fable ci-dessus ? — 2. Que lui répond sa mère ? — 3. Croyez-vous que ce soit ainsi que les fleurs aient été faites ? — 4. Mais qui croyez-vous qui les a faites ? — 5. Que demande ensuite l'enfant et que lui répond sa mère ? — 6. Que prouve la réflexion faite en dernier par l'enfant ? — 7. Êtes-vous de son avis ? — 8. Ne devez-vous pas aimer votre mère si bonne, laquelle est pour vous plus que le ciel, la terre et les fleurs ? — 9. Comment aime-t-on sa maman ?

Devoirs. — **30**. Écrivez de mémoire les 4 premières lignes de la fable ci-dessus.

30 *bis*. Copiez et achevez : Le nom de maman est ... — Mon nom à moi est ... — Mon père s'appelle ... — J'ai aussi un oncle qui s'appelle ...

VINGT-DEUXIÈME LEÇON

Les noms de personnes[1].

Questionnaire. — 1. Quels sont les noms des personnes que vous voyez sur la première image ? — 2. Quel nom donne-t-on à l'ouvrier que vous voyez sur la deuxième image ? — 3. Quel nom donne-t-on à l'ouvrière que vous voyez sur la troisième image ?

Copiez et apprenez :

21. Les mots qui servent à nommer les personnes s'appellent des **noms**.

Devoir. — 31. Copiez en mettant un trait sous les noms de personnes :

MODÈLE *Le père, la mère et la petite-fille causent autour de la table, le grand-père est dans son fauteuil, près de la cheminée. Le boulanger pétrit la pâte dont il fera le pain. La blanchisseuse lave le linge.*

1. Faire trouver des noms de personnes : ouvriers, parents, marchands, etc.

VINGT-TROISIÈME LEÇON

Conjugaison : **verbe *être*.**

En aimant les malheureux	*Je serais* charitable. *Tu serais* charitable. *Il* ou *elle serait* charitable. *Nous serions* charitables. *Vous seriez* charitables. *Ils* ou *elles seraient* charitables.

22. Où est le verbe **être** dans les phrases que vous venez de lire ? — Épelez et apprenez-le.

Devoir.

32. Copiez le verbe **être** en remplaçant *charitable* par : *heureux, content, travailleur*, etc.

Modèle : *Si j'étais obéissant, je serais heureux.*

Orthographe. — Lisez et épelez : *Jardin potager.* — *Jardin fruitier.* — *Jardin d'agrément.* — *Légumes : haricots, pois, salades, oignons, carottes, navets, choux.* — *Poiriers, pommiers, cerisiers, pêchers, abricotiers.* — *Pelouse, rosiers, jasmin, réséda, pensées, violettes.*

Vocabulaire. — 1. Comment appelle-t-on le jardin où poussent les légumes et les salades ? — 2. Et le jardin où viennent les arbres à fruits ? — 3. Que voit-on dans les jardins d'agrément ? — 4. Lequel préférez-vous ? — 5. Lequel est le plus utile ? — 6. Quel est l'ouvrier qui cultive les jardins ?

VINGT-QUATRIÈME LEÇON

Rédaction d'après l'image.

Les enfants unis.

Questionnaire. — 1re *image*. 1. Que font les deux petites filles que vous voyez sur cette image? — 2. Ont-elles l'air de bien s'entendre? — 3. Comment s'y prennent-elles pour jouer à deux avec la même poupée? — 2e *image*. 4. Que voyez-vous sur cette seconde image? — 5. Comment la maman regarde-t-elle les deux enfants? — 6. De quoi la mère est-elle heureuse?

Racontez de vive voix cette histoire.

Devoir.

33. COPIEZ : *Marie et Louise jouent à la poupée. Marie tend à Louise la robe de la poupée et Louise habille sa fille. La poupée habillée est mise dans une petite voiture et Marie et Louise la font rouler ensemble, gentiment et sans se quereller. La maman est bien heureuse de la bonne union qui règne entre ses deux filles*

VINGT-CINQUIÈME LEÇON

Les noms d'animaux.

23. Nommez les animaux que vous voyez sur l'image.

Comment appelle-t-on les mots qui servent à nommer les animaux?

Copiez et apprenez :

23 *bis*. Les mots qui servent à nommer les animaux s'appellent des **noms.**

Devoir.

34. Copiez en soulignant les noms d'animaux.

Berthe a bien envie d'avoir une arche de Noé; c'est-à-dire une petite maisonnette en bois dans laquelle il y a des bœufs, des vaches, des moutons, des loups, des renards, des canards, des animaux de toute espèce. Une arche de Noé est un joujou bien amusant, mais moi j'aime mieux mon chien, mon chat, mes oiseaux, qui sont vivants et qui m'aiment.

VINGT-SIXIÈME LEÇON

CONJUGAISON : **verbe *être*.**

Maman désire :

Que je sois docile et aimable.
Que tu sois docile et aimable.
Qu'il ou *qu'elle soit* docile et aimable.
Que nous soyons dociles et aimables.
Que vous soyez dociles et aimables.
Qu'ils ou *qu'elles soient* dociles et aimables.

24. Reconnaissez le verbe **être** dans les phrases que vous venez de lire et apprenez-le.

Devoir. — **35.** Copiez en remplaçant *docile et aimable* par : 1° *bonne et soumise*; 2° *sage et appliqué*.

MODÈLE : *Maman désire que je sois bonne et soumise.*

Orthographe. — Lisez et épelez : *Atelier*, *machine*, *ouvrier*, *contremaître*, *outils*, *marchandises*, *fil*, *coton*, *couleurs*, *teinture*, *étoffes*, *calicot*, *mousseline*, *tulle*, *filature*.

Vocabulaire. — 1. Qu'y a-t-il dans la plupart des ateliers? — 2. Quels sont ceux qui se servent des outils? — 3. Qui surveille les ouvriers? — 4. Quelles sont les marchandises qui servent à fabriquer les étoffes de coton? — 5. Pour mettre ces étoffes en couleurs qu'emploie-t-on? — 6. Comment appelle-t-on les ateliers où l'on file le fil et le coton? — 7. Donnez le nom des étoffes de coton que vous connaissez?

VINGT-SEPTIÈME LEÇON

Rédaction d'après l'image.

Ne soyez pas présomptueuse.

Questionnaire. — 1re *image :* Que fait Louise? — Que tient-elle à la main? — Où se trouve-t-elle?

2e *image :* Qu'arrive-t-il à Louise? — Parlez du plumeau, du candélabre, du vase brisé. — Qui arrive aux cris de Louise? — Louise avait-elle une bonne intention? — Mais était-elle assez grande pour épousseter la cheminée? — Louise était-elle donc présomptueuse?

Racontez de vive voix cette histoire.

Devoir.

36. Épelez et copiez :

Louise est dans le salon. Elle a pris un plumeau pour épousseter la glace; Louise est trop petite, elle se hausse et glisse en faisant tomber un candélabre et un vase qui se brisent. La maman de Louise arrive à ses cris. Louise est punie; elle a eu une bonne intention, mais elle a été présomptueuse, car elle n'était pas assez grande pour épousseter la cheminée.

VINGT-HUITIÈME LEÇON

Les noms de choses.

LECTURE. — Tout ce que l'on voit dans la classe a un *nom*.

EXPLICATION. — Dans la classe il y a des bancs, des tables, des livres, des cahiers, etc. Toutes ces choses ont un **nom**, qui sert à les faire reconnaître.

Copiez et apprenez :

25. Les mots qui servent à **nommer** les choses s'appellent des **noms**.

Devoir.

37. Copier en soulignant les noms de choses[1].

Dans la classe il y a des bancs et des tables où s'asseoient les élèves. Sur les murs sont des tableaux et des cartes. Il y a aussi un tableau noir, de la craie, une éponge, des livres, des cahiers, de l'encre, des crayons, des plumes et beaucoup d'autres choses.

1. Faire remarquer et nommer les objets placés dans la classe.

VINGT-NEUVIÈME LEÇON

CONJUGAISON : **verbe *être*.**

Maman ne voudrait pas

Que je fusse impolie et dédaigneuse.
Que tu fusses impolie et dédaigneuse.
Qu'elle fût impolie et dédaigneuse.
Que nous fussions impolies et dédaigneuses.
Que vous fussiez impolies et dédaigneuses.
Qu'elles fussent impolies et dédaigneuses.

26. Où est le verbe **être** dans les phrases que vous venez de lire?

Épelez et apprenez ce verbe.

Devoir.

38. Copiez le verbe **être** en remplaçant *impolie et dédaigneuse* par : *distraite et étourdie.*

MODÈLE : *Maman ne voudrait pas que je fusse distraite.*

Orthographe. — Lisez et épelez : *Ville, rue, place, maisons, monuments, mairie, musée, cathédrale, magasin, jardins et squares.*

Vocabulaire. — 1. Dans les villes comment s'appellent les chemins? — 2. Les rues sont-elles bordées de champs comme les routes des villages? — 3. Comment s'appellent les maisons plus belles et plus grandes que toutes les autres? — 4. La mairie est-elle un monument? — 5. Le musée...? — 6. Et la cathédrale? — 7. Comment s'appellent les grandes boutiques des rues de la ville? — 8. Et les jardins publics?

TRENTIÈME LEÇON

RÉCITATION

La grenouille et le bœuf.

Une grenouille vit un bœuf
Qui lui sembla de belle taille.
Elle, qui n'était pas grosse en tout comme un œuf,
Envieuse, s'étend, et s'enfle, et se travaille
Pour égaler l'animal en grosseur,
Disant : « Regardez bien, ma sœur;
Est-ce assez? dites-moi; n'y suis-je point encore? —
Nenni. — M'y voici donc? — Point du tout. — M'y voilà?
— Vous n'en approchez point. » La chétive pécore
S'enfla si bien qu'elle creva.
Le monde est plein de gens qui ne sont pas plus sages.
Tout bourgeois veut bâtir comme les grands seigneurs.
Tout petit prince a des ambassadeurs,
Tout marquis veut avoir des pages.

La Fontaine.

Élocution. — 1. La grenouille a-t-elle agi par vanité seulement? — 2. N'est-elle pas aussi une présomptueuse, qui veut entreprendre un travail au-dessus de ses forces? — 3. Connaissez-vous des présomptueux parmi vous? — 4. Ne l'êtes-vous jamais vous-même? — 5. Citez-moi des exemples d'actes présomptueux. — 6. A-t-on tort de chercher à s'élever au-dessus de sa condition? — Non, mais il faut consulter ses forces et son mérite afin de ne pas mourir à la peine et sans profit pour personne, comme la grenouille de la fable.

Devoir.

39. Faites une liste des noms contenus dans la fable ci-dessus.

TRENTE ET UNIÈME LEÇON

Les noms propres.

LECTURE. — ***Jeanne d'Arc*** fut brûlée vive à ***Rouen.***

EXPLICATION. — Le nom *Jeanne d'Arc* appartient à une seule personne. Le nom *Rouen* appartient à une seule ville. — *Jeanne d'Arc* et *Rouen* sont des **noms propres.**

Lisez et apprenez :

27. Le **nom propre** est le nom particulier d'une personne, d'un animal ou d'une chose; comme *Henri*, *Médor*, *Paris*.

28. La première lettre d'un nom propre est une majuscule.

Devoirs [1]. — **40.** Copiez en soulignant les noms propres.

Les élèves de ma classe ne sont pas de la même ville. Louise Dubois est de Lille, Marie Bérard de Brest, et son frère est même né en Amérique.

41. Remplacez les points par un nom propre :

Notre institutrice s'appelle... — Je demeure dans la rue... Nous habitons la ville de... Notre boulanger s'appelle... Notre boucher s'appelle...

1. Dans la leçon d'histoire et de géographie qui suivra cette leçon de grammaire, on pourra faire remarquer, sans insister, les noms propres qui s'y rencontreront.

TRENTE-DEUXIÈME LEÇON

CONJUGAISON : verbe *avoir*.

Moi,	*j'ai*	une rose.
Toi,	*tu as*	une pensée.
Lui aussi,	*il a*	une fleur.
Mon frère et moi,	*nous avons*	une rose.
Ton frère et toi,	*vous avez*	une pensée.
Eux aussi,	*ils ont*	une fleur.

29. Où est le verbe **avoir** dans les phrases que vous venez de lire. Épelez et apprenez ce verbe.

Devoirs. — **42.** Copier le verbe *avoir*.

J'ai un corps et une âme.
Tu as un corps et une âme.
Il a un corps et une âme.
Nous avons un corps et une âme.
Vous avez un corps et une âme.
Ils ont un corps et une âme.

43. Remplacez *un corps* et *une âme*, par un des mots *peur*, *froid*, *faim*, *chaud*, *sommeil*, *honte*.

Orthographe. — Lisez et épelez : *livre*, *livret*, *feuille*, *feuillet*, *table*, *tablette*, *carafe*, *carafon*.

Vocabulaire. — 1. Un livret est un petit livre. — 2. Une tablette est une petite table. — 3. Un carafon est une petite carafe. — 4. Comment nomme-t-on un petit jardin? — 5. Une petite maison? — 6. Une petite pelote? — 7. Une petite mouche? — 8. Une petite poêle?

TRENTE-TROISIÈME LEÇON

RÉCITATION

L'araignée et le ver à soie.

L'araignée en ces mots raillait le ver à soie :
« Bon Dieu! que de lenteur dans tout ce que tu fais!
Vois combien peu de temps j'emploie
A tapisser un mur d'innombrables filets.
— Soit, répondit le ver, mais ta toile est fragile;
Et puis, à quoi sert-elle? à rien.
Pour moi, mon travail est utile;
Si je fais peu, je le fais bien. »

LE BAILLY.

Élocution. — 1. Qu'est-ce qu'une araignée? — 2. Et un ver à soie? — 3. Combien de pattes a une araignée? — 4. Et le ver à soie? — 5. Que faisait l'araignée? — 6. Était-ce bien à elle de se *moquer* du ver à soie et de se vanter elle-même en même temps? — 7. Que lui répondit le ver à soie? — 8. A-t-il bien répondu? — 9. Les écoliers ne doivent-ils pas plutôt chercher à faire bien qu'à faire beaucoup? — 10. Et plus tard, quand vous serez grand, ne vous serait-il pas avantageux de prendre pour ligne de conduite : *Peu et bien?*

Devoir.

44. Dites le nom propre de votre père, de votre meilleure amie, de votre ville, de votre rue, de votre institutrice, de votre département, et enfin de votre pays.

MODÈLE : Le nom propre de mon père est *Lucien Dubois.*

TRENTE-QUATRIÈME LEÇON

Les noms communs.

LECTURE.

Dans le jardin les ***enfants*** sautent à la corde et l'***oiseau*** chante sur l'***arbre*** vert.

EXPLICATION. — Le nom *enfant* se donne à tous les enfants. Le nom *oiseau* se donne à tous les oiseaux. Le nom *arbre* convient à tous les arbres.

Enfants, *oiseau*, *arbre* sont des **noms communs.**

Lisez, copiez et apprenez :

30. Le *nom commun* est le nom que l'on donne à toutes les personnes, à tous les animaux, à toutes les choses de la même espèce.

Exercice oral.

45. Trouver cinq noms communs d'hommes,
Cinq noms communs d'animaux,
Cinq noms communs de choses.

TRENTE-QUATRIÈME LEÇON (*suite*).

Devoirs[1].

45 *bis*. Copiez :

Homme est le nom de tous les hommes, le nom homme est un nom commun; chien est le nom de tous les chiens, le nom chien est un nom commun; table est le nom de toutes les tables, le nom table est un nom commun.

46. Avec les noms suivants pris 3 par 3 faites des devoirs semblables à celui du n° 45 *bis*.

Père,	instituteur,	médecin,	lion,	sœur,
papillon,	lapin,	médaille,	chien,	chat,
poule,	image,	marin,	officier,	prêtre.

47. Dites ce que sont les êtres dont les noms suivent.
MODÈLE : *Le lion est un animal.*

le lion,	le bœuf,	la marchande,	le cheval,
le sapin,	le pommier,	la chèvre,	la perdrix,
le menuisier,	le chat,	la couturière,	le sabotier,
la souris,	le maçon,	le prunier,	la blanchisseuse,
le canif,	le charpentier,	le rat,	le cocher.

1. On pourra faire reconnaître les noms communs des vêtements portés par les enfants, des objets qui les entourent, etc.

TRENTE-CINQUIÈME LEÇON

CONJUGAISON : **verbe *avoir*.**

Avant-hier J'*eus* peur.
Ce matin Tu *eus* peur.
L'autre jour Il *eut* ou elle *eut* peur.
Hier soir Nous *eûmes* du courage.
Hier matin Vous *eûtes* du courage.
Hier Ils *eurent* ou elles *eurent* du courage.

31. Où est le verbe **avoir** dans les phrases que vous venez de lire ? — Épelez et apprenez-*le*.

Devoir. — 48. Copier le verbe **avoir** en remplaçant *peur* par *faim* et du *courage* par de l'*ennui*.

MODÈLE : *Avant-hier j'eus faim.*

Orthographe. — Lisez et épelez : *écurie*, *cheval*, — *bergerie*, *mouton*, — *bœuf*, *étable*, — *chien*, *chenil*, — *poule*, *dindon*, *canard*, *basse-cour*, — *pigeon*, *pigeonnier*, — *lapin*, *garenne*, *cabane*, — *abeille*, *ruche*.

Vocabulaire. — 1. Où loge le cheval ? — 2. Et les moutons ? — 3. Et les bœufs ? — 4. Où renferme-t-on les chiens ? — 5. Ne les met-on pas aussi dans une niche ? — 6. Quels sont les oiseaux qui vivent dans la basse-cour ? — 7. Où nichent les pigeons ? — 8. Ne dit-on pas souvent un colombier, pour désigner un pigeonnier ? — 9. Quels sont les lapins qui vivent dans une garenne ? — Dans une cabane ? — Où habitent les abeilles ?

TRENTE-SIXIÈME LEÇON

Rédaction d'après l'image.

Comment finit la bataille.

Questionnaire. — 1re *image :* Que font les deux petits garçons que vous voyez? Comment les appellerons-nous ? — Que font Pierre et Jean? — 2e *image :* Monsieur Pierre et Monsieur Jean sont-ils toujours d'accord ? — Pourquoi pensez-vous qu'ils se disputent? — 3e *image :* Qu'est-il arrivé ? — Qui a eu le cheval ?

Racontez de vive voix cette histoire et dites si Pierre et Jean ont eu tort ou raison.

Devoir.

49. Copiez : *Jean et Pierre jouent gentiment avec leur beau cheval. Jean est le cavalier et Pierre le cocher. Mais bientôt ils se disputent. Monsieur Jean tient par les pieds le cheval que Mr. Pierre tire par la tête. Crac! Le cheval se brise; il ne sera plus à personne et Pierre et Jean se sont fait bien mal en tombant à la renverse.*

TRENTE-SEPTIÈME LEÇON

Le masculin et le féminin dans les noms de personnes.

Explication. — On dit **un** *père* ou **le** *père;* **un** *petit garçon* ou **le** *petit garçon; père, garçon*, sont des **noms masculins**. Mais on dit **une** *mère* ou **la** *mère;* **une** *petite fille* ou **la** *petite fille; mère, fille* sont des **noms féminins**.

32. Tous les noms d'hommes ou de petits garçons sont des **noms masculins** : *père*, *écolier*.

33. Tous les noms de femmes ou de petites filles sont des **noms féminins** : *mère*, *écolière*.

Devoirs. — **50.** Copiez : On dit : *un père, le père; père est un nom masculin.*

On dit : *une mère, la mère; mère est un nom féminin.*

51. Avec les noms suivants, faites des devoirs comme celui du n° 50 : **Instituteur, écolier, institutrice, écolière, fermier, jardinière, médecin, infirmière, frère, sœur.**

TRENTE-HUITIÈME LEÇON

CONJUGAISON : **verbe *avoir*.**

Hier j'*avais* sommeil.
Hier tu *avais* sommeil.
Hier il *avait* ou elle *avait* sommeil.
Autrefois nous *avions* du plaisir.
Autrefois vous *aviez* du plaisir.
Autrefois ils *avaient* ou elles *avaient* du plaisir.

34. Où est le verbe *avoir* dans les phrases que vous venez de lire? Épelez et apprenez ce verbe.

Devoir.

52. Copiez le verbe **avoir**, en remplaçant *sommeil* par *froid* et *du plaisir* par *du chagrin*.

MODÈLE: *Hier, j'avais froid.*

Orthographe. — Lisez : *Bibliothèque — Livres ou volumes — Livres reliés ou brochés — Armoires, rayons — Échelle et marchepied — Lecteur — Bibliothécaire — Bureau — Registre.*

Vocabulaire. — 1. Que voit-on dans une bibliothèque? — 2. Comment sont les livres? — 3. Où sont placés les livres? — 4. Sur quoi monte-t-on pour les prendre? — 5. A qui prête-on les livres? — 6. Qui les prête? — 7. Où est assis le bibliothécaire? — 8. Pourquoi a-t-il un registre sur son bureau? — 9. Est-il utile de lire? — 10. Quand vous serez assez grands pour pouvoir emprunter des livres, demanderez-vous au bibliothécaire des livres amusants ou instructifs?

TRENTE-NEUVIÈME LEÇON

RÉCITATION

L'Ange gardien.

Veillez sur moi quand je m'éveille,
Bon ange, puisque Dieu l'a dit;
Et chaque nuit, quand je sommeille,
Penchez-vous sur mon petit lit.
Ayez pitié de ma faiblesse,
A mes côtés marchez sans cesse;
Parlez-moi le long du chemin,
Et, pendant que je vous écoute,
De peur que je ne tombe en route,
Bon ange, donnez-moi la main.

Mme TASTU (Perrin et Cie, éditeurs).

Élocution. — 1. Qui parle dans cette poésie? — 2. A qui parle-t-il? — 3. Qu'est-ce que le bon ange? — 4. Avez-vous aussi un bon ange? — 5. Votre bon ange est-il toujours là près de vous? — 6. Que fait-il la nuit quand vous dormez? — 7. S'occupe-t-il de votre travail, de vos jeux? prie-t-il avec vous quand vous priez? — 8. Est-il heureux quand vous êtes sages et bons? — 9. Et lorsque vous êtes désobéissants, méchants, paresseux...? — 10. Voyez-vous votre bon ange marcher à vos côtés, comme le dit le petit enfant de la poésie? — 11. Qui ne voit-on pas encore et qui cependant est toujours au milieu de nous? — 12. Entendez-vous la voix de votre bon ange quand il vous parle? — 13. Qui encore parle ainsi à votre cœur, et que votre cœur comprend quoique vos oreilles ne l'entendent pas? — 14. Comment doit-on aimer son bon ange? — 15. Qui doit-on remercier de nous l'avoir donné?

Devoir.

53. Épelez et écrivez ensuite de mémoire les noms communs renfermés dans la fable ci-dessus.

QUARANTIÈME LEÇON

Le masculin et le féminin dans les noms d'animaux et de choses.

LECTURE. — ***Un*** coq, ***le*** coq, ***un*** mur, ***le*** mur.
Une chatte, ***la*** chatte, ***une*** poupée, ***la*** poupée.

EXPLICATION : On dit : **un** *coq*, le *coq;* **un** *mur*, **le** *mur;* les noms : *coq*, *mur*, sont des **noms masculins**. Mais on dit : **une** *chatte*, **la** *chatte;* **une** *poupée*, **la** *poupée;* les noms *chatte*, *poupée*, sont des **noms féminins.**

Lisez et apprenez :

35. Tous les noms devant lesquels on peut mettre **le** ou **un** sont du **masculin : le** *coq*, **un** *mur*.

36. Tous les noms devant lesquels on peut mettre **la** ou **une** sont du **féminin : la** *chatte*, **une** *poupée.*

QUARANTIÈME LEÇON

Le masculin et le féminin dans les noms d'animaux et de choses (*suite*).

Devoirs.

54. COPIEZ : *On dit : un polichinelle, le polichinelle ; polichinelle est un nom masculin. On dit : une chatte, la chatte ; chatte est un nom féminin.*

55. Avec les noms suivants faites des devoirs semblables au devoir du n° 54 :

Ballon, cerceau, coq, chaise, banc, mur, fenêtre, corbeille, fusil.

56. Dites si les noms suivants sont masculins ou féminins :

Cheval, voisine, fauteuil, crayon, lavabo, table, robe, buffet, armoire, noix, pendule, tiroir, frère, oncle, orphelin, lion, soldat, marin, épicier, comptoir.

57. Trouvez :

1. Cinq noms masculins des animaux que vous aimez le mieux.

2. Cinq noms masculins des animaux que vous ne voudriez pas rencontrer.

3. Cinq noms masculins des choses que vous voudriez avoir.

4. Cinq noms masculins des choses qui vous paraissent inutiles.

5. Cinq noms masculins de fleurs ou de fruits.

58. Même devoir au féminin.

QUARANTE ET UNIÈME LEÇON

Verbe *avoir*.

Hier, *j'ai eu* un bon point.
Ce matin, *tu as eu* un bon point.
Avant-hier, *il a eu* ou *elle a eu* un bon point.
Autrefois, *nous avons eu* des jouets.
Autrefois, *vous avez eu* des jouets.
Autrefois, *ils ont eu* ou *elles ont eu* des jouets.

37. Où est le verbe **avoir** dans les phrases que vous venez de lire? Épelez et apprenez ce verbe.

Devoir.

59. Copiez le verbe **avoir** en remplaçant : *un bon point* par *une récompense* et *des jouets* par *des livres*.

MODÈLE : *Hier, j'ai eu une récompense*

Exercice oral.

60. Récitez, d'après le modèle, les verbes :

Avoir eu bon cœur, ***avoir eu*** du regret de sa paresse, ***avoir eu*** de bonnes résolutions qui n'ont pas duré.

Orthographe. — Lisez et épelez : *perdrix* et *perdreau*, *ver* et *vermisseau*, *souris* et *souriceau*, *agneau* et *agnelet*, *lièvre* et *levraut*, *lion* et *lionceau*, *carpe* et *carpillon*, *nègre* et *négrillon*, *oiseau* et *oisillon*.

Vocabulaire. — 1. Les petits de la perdrix sont des perdreaux. — 2. Comment appelle-t-on les petits vers? — 3. Les petits de la souris? — 4. Un tout petit agneau? — 5. Les petits du lièvre? — 6. Du lion? — De la carpe? — 7. Du nègre? — 8. Des petits oiseaux?

QUARANTE-DEUXIÈME LEÇON

Rédaction d'après l'image.

La piété de Jeanne d'Arc.

Questionnaire. — Que fait Jeanne d'Arc à genoux? — Comment prie-t-elle? — Et à la maison comment se conduit Jeanne? — Que fait-elle pour les pauvres? — Les gens du village croyaient-ils à la sincérité de la piété de Jeanne d'Arc? — Racontez de vive voix ce que l'image représente de Jeanne d'Arc.

Devoir.

61. Copiez :

Jeanne d'Arc allait souvent à l'église et priait avec ferveur. A la maison elle cousait et filait avec sa mère; elle faisait le ménage et donnait aux pauvres qu'elle rencontrait. Chacun disait : « On voit bien que c'est la meilleure fille du village. » On croyait à la sincérité de la piété de Jeanne d'Arc, parce qu'elle ne se contentait pas de prier à l'église, mais qu'elle remplissait tous ses autres devoirs.

QUARANTE-TROISIÈME LEÇON

Suite du féminin dans les noms. Terminaison e.

Lecture. — Que voit-on sur l'image?

un marchand
et *une* marchande.
un acheteur
et *une* acheteuse.

Explication. — On dit au masculin : **un** *marchand* et **un** *acheteur*, mais on dit au féminin : **une** *marchand*e et **une** *acheteus*e.

38. Beaucoup de noms masculins se terminent par un **e** muet au féminin : *marchand, marchand*e, *achet*eur, *achet*euse.

Devoirs.

62. Copiez : *Le féminin de boulanger est boulangère, le féminin de moissonneur est moissonneuse.*

63. Avec les noms suivants, faites des devoirs semblables au devoir n° 62 : *orphelin, orpheline; chanteur, chanteuse; instituteur, institutrice; fermier, fermière.*

64. Écrivez après chacun des mots suivants, le féminin de ce nom : *Fermier, couturier, blanchisseur, moissonneur, bijoutier, jardinier, danseur, menteur, pâtissier.*

QUARANTE-QUATRIÈME LEÇON

CONJUGAISON : verbe *avoir*.

Demain, *j'aurai* raison.
Plus tard, *tu auras* raison.
Bientôt, *il aura* ou *elle aura* raison.
Demain, *nous aurons* de la gaieté.
Demain, *vous aurez* de la gaieté.
Demain, *ils auront* ou *elles auront* de la gaieté.

39. Où est le verbe **avoir** dans les phrases que vous venez de lire? Épelez et apprenez-le?

Devoir.

65. Copiez le verbe **avoir** en remplaçant : *raison* par *chaud* et de *la gaieté* par de *la fatigue.*

MODÈLE : *Demain j'aurai chaud*

Exercice oral.

66. Récitez, d'après le modèle, les verbes : **avoir** *pitié des malheureux;* **avoir** *du regret des heures perdues;* **avoir** *de la politesse;* **avoir** *le désir d'obéir.*

Orthographe. — Lisez et épelez : *bavard, criard, vantard, nasillard, pillard, babillard.*

Vocabulaire. — 1. Qu'est-ce qu'une fille bavarde? — 2. Une petite fille bien élevée ne doit-elle pas éviter d'être bavarde, et si elle a une voix trop criarde ne doit-elle pas l'adoucir? — 3. Si vous aimiez à vous vanter, comment devrait-on vous appeler? — 4. Est-ce bien se conduire que se vanter à tout propos? — 5. N'est-ce pas par vanité que l'on se vante? — 6. Qu'est-ce qu'une voix nasillarde? — 7. Qu'est-ce qu'un moineau pillard? — 8. Les mots terminés en *ard* vous semblent-ils exprimer des actions ou des sentiments agréables.

QUARANTE-CINQUIÈME LEÇON

RÉCITATION

Le bourdon et l'abeille.

« Viens donc avec les moucherons,
Disait le bourdon à l'abeille :
Au vieux jardinier, dans l'oreille,
Pour rire, nous bourdonnerons.
— Laisse ce brave à son ouvrage,
Dit l'abeille, il soigne nos fleurs.
Les fainéants, aux travailleurs
Devraient épargner leur tapage. »

CH. MORELLE.

Élocution. — 1. Connaissez-vous les abeilles? — 2. N'est-ce pas elles qui font du miel aussi doux que du sucre? — 3. Le bourdon travaille-t-il comme l'abeille? — 4. Que propose le bourdon à l'abeille? — 5. Pourquoi le bourdon veut-il bourdonner dans l'oreille du vieux jardinier? — 6. Ne bourdonnez-vous pas souvent pour rire et vous amuser? — 7. Que répond l'abeille? — 8. Quand vous faites du tapage pendant la classe, vous gênez donc aussi les travailleurs? — 9. Alors dans quelle catégorie êtes-vous? — 10. Avec qui vous mettrez-vous désormais?—11. Avec les fainéants qui bourdonnent et font du tapage, ou avec les travailleurs? — 12. Donnez le féminin de jardinier. — 13. Comment s'écrit fainéant au féminin? — 14. Quel est le féminin de travailleur? — 15. Quel changement a-t-on fait à ce mot en l'écrivant au féminin?

Devoir.

67. Épelez les noms contenus dans la fable que vous venez d'apprendre et écrivez-les de mémoire.

QUARANTE-SIXIÈME LEÇON

Le singulier.

LECTURE.

Que voit-on sur l'image?

Une bergère.

Un mouton.

Une barrière.

EXPLICATION. — En disant **une** *bergère* ou **la** *bergère,* **un** *mouton* ou **le** *mouton*, **une** *barrière* ou **la** *barrière*, on parle d'une seule barrière, les noms *bergère*, *mouton*, *barrière*, sont au **singulier**.

Singulier veut dire **un seul.**

Lisez et apprenez.

40. Un nom est au singulier quand il désigne une seule personne, un seul animal, ou une seule chose : **une** *bergère*, **un** *mouton*, **la** *barrière.*

Exercice oral.

68. Avez-vous une langue ou plusieurs...? — Une bouche ou plusieurs...? — Un cœur ou plusieurs...? — Combien avez-vous de mains? — de pieds? — de doigts? — de bras? — de dents? — Parmi les noms que vous venez de citer, quels noms sont au singulier?

QUARANTE-SIXIÈME LEÇON

Le singulier (*suite*).

Devoirs.

69. Copiez : *En disant la marguerite, une marguerite, on parle d'une seule marguerite. Le nom marguerite est au singulier.*

70. Avec les noms suivants, faites un devoir semblable au devoir n° 69.

La mère, une mère; le père, un père; le chien, un chien; la robe, une robe; le clocher, un clocher; le pin, un pin.

71. Écrivez après les noms suivants : masculin singulier, ou féminin singulier (1).

Le frère, la table, un oncle, une voiture, un arbre, une fleur, la pluie, le parrain, un âne, la tante, un cheval, le chemin, le cavalier, le vélocipède, la marraine, la sœur, un tiroir, un carton, mon camarade, ta compagne, son ami.

72. Copiez en soulignant les noms singuliers :

Ma patrie c'est la France. Le drapeau de ma patrie c'est le drapeau tricolore. Les trois couleurs du drapeau de la France sont le bleu, le blanc et le rouge. Partout où le drapeau de mon pays flotte, les habitants de la France sont aimés.

1. Faire faire préalablement cet exercice de vive voix.

QUARANTE-SEPTIÈME LEÇON

CONJUGAISON : **verbe *avoir*.**

Si j'étais en retenue :

J'aurais bien honte.
Tu aurais bien honte.
Il aurait ou *elle* aurait bien honte.
Nous aurions bien honte.
Vous auriez bien honte.
Ils auraient ou *elles* auraient bien honte.

41. Où est le verbe **avoir** dans les phrases que vous venez de lire? Épelez et apprenez ce verbe.

Devoir.

73. Copiez le verbe **avoir** en remplaçant *bien honte* par de *la tristesse*.

MODÈLE : *Si j'étais en retenue j'aurais de la tristesse.*

Orthographe. — Lisez et épelez : *travail* et *travailleur* — *paresse* et *paresseux* — *sommeil* et *dormeur* — *chant* et *chanteur* — *laboureur* — *commerçant* — *écrivain* — *juge* — *prêtre* — *médecin* — *militaire*.

Vocabulaire. — 1. Comment appelle-t-on celui qui aime le travail? — 2. Est-ce honorable d'être travailleur? — 3. Y a-t-il des travailleurs qui travaillent autrement que de leurs mains? — 4. Comment appelle-t-on les gens qui aiment la paresse? — 5. Les paresseux ne sont-ils pas à charge à tout le monde? — 6. Quel est le nom donné à ceux qui dorment trop longtemps? — 7. Et à ceux qui chantent? — Les commerçants, les écrivains, etc., sont-ils aussi des travailleurs?

QUARANTE-HUITIÈME LEÇON

Rédaction d'après l'image.

La moisson.

Questionnaire. — 1. Que représente cette image? — A quelle époque de l'année sommes-nous? — Comment appelle-t-on les ouvriers qui font la moisson? — Que portent les moissonneuses? — Qui traîne la voiture chargée de gerbes? — Pourquoi le petit enfant placé sur la charrette est-il si content?

Racontez ce que vous voyez sur cette image.

Devoir.

74. Épelez et copiez :

Il fait chaud. Voici le temps de la moisson. Le blé est coupé, mis en gerbe. Le cheval traîne la voiture chargée de blé. Bébé est assis tout en haut de la voiture; il rit, il est content parce qu'il fait beau et qu'il rapporte un bouquet à sa mère. C'est un travail bien pénible que celui de la moisson. Les petits enfants doivent être reconnaissants envers les laboureurs qui travaillent pour les nourrir.

QUARANTE-NEUVIÈME LEÇON

Le pluriel.

LECTURE.

Que voit-on sur l'image?

Des bergers,
des moutons,
des baguettes.

EXPLICATION. — En disant **des** *bergers* ou **les** *bergers*, **des** *moutons* ou **les** *moutons*, **des** *baguettes* ou **les** *baguettes*, on parle de plusieurs bergers, de plusieurs moutons et de plusieurs baguettes; les noms *bergers*, *moutons*, *baguettes*, sont au *pluriel*.

Pluriel veut dire **plusieurs**.

Lisez et apprenez :

42. Un nom est au pluriel quand il désigne plusieurs personnes, plusieurs animaux, plusieurs choses : **les** *bergers*, **les** *moutons*, **les** *baguettes*.

Devoirs.

75. Copiez : *En disant les images, des images, on parle de plusieurs images : le nom image est au pluriel.*

76. Avec les noms suivants, faites un devoir semblable au n° 75 :

Les chèvres, des chèvres; les églises, des églises;
les soldats, des soldats; les enfants, des enfants.

77. Écrivez après les noms suivants : masculin pluriel ou féminin pluriel[1] : *Les frères, les oncles. Les tables, des encriers, les balles. Les sœurs, des tantes. Les nièces.*

1. Faire faire préalablement cet exercice de vive voix.

CINQUANTIÈME LEÇON

Conjugaison : verbe *avoir*.

Il faut *que j'aie* bon cœur.
Il faut *que tu aies* bon cœur.
Il faut *qu'il* ou *qu'elle ait* bon cœur.
Il faudra *que nous ayons* bon cœur.
Il faudra *que vous ayez* bon cœur.
Il faudra *qu'ils* ou *qu'elles aient* bon cœur.

43. Où est le verbe **avoir** dans les phrases que vous venez de lire? Épelez et apprenez-le.

Devoir.

78. Copiez le verbe **avoir** en remplaçant *bon cœur* par : de *la politesse*[1].

MODÈLE : *Il faut que j'aie de la politesse.*

Orthographe. — Lisez et épelez : *faute*, *tort*, *erreur*, **coupable**, *accusation*, *aveu*, *repentir*, *condamnation*, *absolution*, *indulgence*, *sévérité*.

Vocabulaire. — 1. Comment appelle-t-on celui qui a commis une faute, une erreur, c'est-à-dire celui qui a tort? — 2. Le coupable doit-il faire l'aveu de ses fautes? — 3. Il pourra être l'objet d'une condamnation ou d'une absolution; que veulent dire ces mots? — 4. Le repentir mérite-t-il l'indulgence ou la sévérité? — 5. Les enfants ont-ils le droit de punir? — 6. Et les parents? — 7. N'est-ce pas pour rendre les enfants meilleurs qu'on les punit lorsqu'ils font mal?

1. Faire faire préalablement cet exercice de vive voix.

CINQUANTE ET UNIÈME LEÇON

RÉCITATION

Le pater.

On ne s'arrête pas en disant sa prière;
Voyons ! ne reste pas cette fois en arrière,
Recommence avec moi le *Pater*, et dis bien :
Donne-nous... — Donne-nous... Le pain quotidien...
— Le pain... — Eh ! bien ! encor ! pourquoi donc cette pose?
Et pourquoi marmotter tout bas
De ces mots que je n'entends pas?
— Chère maman, voici la chose :
Je priais le bon Dieu, car le pain, c'est bien sec,
De nous donner toujours un peu de beurre avec.

L. RATISBONNE.

Élocution. — 1. Qui parle au commencement de cette poésie et que dit la mère à son petit enfant? — 2. Qu'arrive-t-il encore quand le petit enfant a recommencé à apprendre? — 3. Quelle question lui pose la maman et que répond le petit enfant? — 4. N'y a-t-il pas des enfants qui seraient heureux d'avoir du pain assuré tous les jours, ce pain fût-il sec? — 5. Si le petit enfant avait pensé aux autres enfants malheureux, eût-il demandé du beurre sur le sien? — 6. Que vaut-il mieux demander au bon Dieu, des gourmandises pour soi ou du pain pour ceux qui n'en ont pas? — 7. Et si on en a, que faut-il faire?

Devoir.

79. Cherchez dans la poésie que vous venez d'apprendre les noms communs. Épelez-les et écrivez-les au singulier et au pluriel, vous mettrez 1° les noms de personnes; 2° les noms de choses.

CINQUANTE-DEUXIÈME LEÇON

Formation du pluriel dans les noms.

Un écolier, ***des*** écolier*s*.
Un carton, ***des*** carton*s*. } **S**

Explication. — En disant **un** *écolier* on parle au singulier ; en disant **des** *écoliers* on parle au pluriel. Le nom *écolier***s** au pluriel a une **S** que le nom écolier n'a pas au singulier.

S marque le pluriel dans presque tous les noms.

Lisez et apprenez :

44. Pour écrire un nom au pluriel, on ajoute **S** à presque tous les noms au singulier.

Devoirs. — **80.** Copiez :

La plume, une plume : plume est au singulier.

Les plumes, des plumes : plumes est au pluriel.

81. Avec les noms suivants faites un devoir semblable au devoir n° 80 :

Le maître, les maîtres. *Un sac, des sacs.*
La bille, les billes. *Un livre, des livres.*

82. Écrivez au singulier et au pluriel les noms suivants :
Le chemin. Un ruban. Un bouchon. Une prière. Une cloche. Un manchon. Un lièvre. Un serpent. Une pomme.

CINQUANTE-TROISIÈME LEÇON

CONJUGAISON : **verbe *avoir*.**

Pour manger du pain sec, il fallait

Que j'eusse bien faim
Que tu eusses bien faim
Qu'il eût ou *qu'elle eût* bien faim
Que nous eussions bien faim
Que vous eussiez bien faim
Qu'ils eussent ou *qu'elles eussent* bien faim

45. Où est le verbe **avoir** dans les phrases que vous venez de lire? Épelez et apprenez ce verbe.

Devoir.

83. Copiez le verbe **avoir** en remplaçant *bien faim* par *de l'attention* (pour bien écrire).

Modèle : Il fallait que j'eusse de l'attention pour bien écrire.

Orthographe. — Lisez et épelez : *écolier, cahier, livre, plume, — attention, zèle, application, amour du travail, progrès, — chasseur, fusil, gibier, — pêcheur, filet, poisson, — tisserand, fil, toile, — cordonnier, cuir, chaussures.*

Vocabulaire. — 1. Que faut-il à l'écolier pour travailler? — 2. Que lui faut-il encore pour travailler utilement? — 3. Que fera-t-il avec de l'attention, du zèle, etc.? — 4. Que faut-il au chasseur pour tuer le gibier? — 5. Qu'est-ce que le gibier? — 6. A quoi sert le filet du pêcheur? — 7. Le fil du tisserand? — 8. Le cuir du cordonnier?

CINQUANTE-QUATRIÈME LEÇON

Rédaction d'après l'image.

L'incendie.

Questionnaire. — 1re *image :* 1. D'où revient l'ouvrier qui frappe à la porte de la maison? — 2. Que voit-il tout à coup? — 2e *image :* 3. La maison brûle-t-elle encore? — 4. Les enfants et la mère sont-ils tous sauvés? — 5. Où sont les deux plus jeunes enfants? — 6. Où s'élance le père? — 3e *image :* 7. Réussit-il? — 8. Croyez-vous que tous les parents soient capables de s'élancer ainsi dans le feu pour sauver leurs enfants?

Racontez de vive voix cette histoire.

Devoir. — 84. Épelez et copiez :

Jean le maçon revient de son travail; mais sa maison est en flammes. Sa femme et les trois aînés de ses enfants sont sauvés. Seuls les deux tout petits sont restés dans la maison embrasée. Jean bondit à travers les flammes, saisit ses enfants, les remet à leur mère qui les serre contre son cœur. Aimons nos parents; tous ils feraient comme Jean et se jetteraient dans les flammes pour nous sauver.

CINQUANTE-CINQUIÈME LEÇON

Formation du pluriel.

Un drapeau, *des* drapeau*x*.
Un cheval, *des* chevau*x*.
X, AUX

EXPLICATION. — On écrit **un** *drapeau* au singulier et **des** *drapeaux* au pluriel, comme on écrit **un** *jeu*, **des** *jeux*; dans ces noms, **x** est la marque du pluriel.

On écrit **un** *cheval* au singulier et **des** *chevaux* au pluriel. Dans ces noms, **al** se change en **aux** au pluriel.

Lisez et apprenez :

46. Les noms terminés au singulier par **au** et par **eu** prennent **x** au pluriel.

47. Les noms terminés au singulier par **al** changent presque tous **al** en **aux** au pluriel.

Devoirs.

85. COPIEZ : *On écrit un berceau au singulier et des berceaux au pluriel.*

86. Faites avec les noms suivants un devoir semblable au n° 85 :

Un tableau, des tableaux. *Le jeu, les jeux.*
Le bateau, les bateaux. *Un animal, des animaux.*
Le seau, les seaux. *Un végétal, des végétaux.*

87. Écrivez le pluriel à côté de chacun des noms suivants :

Le château, un cheveu, le général, un hôpital, un oiseau, le feu, le canal, un cardinal, un journal.

CINQUANTE-SIXIÈME LEÇON

CONJUGAISON :

verbe *avoir*.

Le temps présent et le temps futur.

LECTURE.

Aujourd'hui ***j'ai*** la croix.

Demain ***j'aurai*** une récompense.

EXPLICATION. — *Aujourd'hui* désigne le **temps présent**, celui qui dure encore :

J'ai est le **temps présent** du verbe **avoir.**

Demain désigne le **temps futur**, celui qui viendra plus tard :

J'aurai est le **temps futur** du verbe **avoir.**

48. Le **temps présent** du verbe *avoir* est :

j'ai,	*nous avons,*
tu as,	*vous avez*
il a,	*ils ont.*

49. Le **temps futur** du verbe *avoir* est :

j'aurai,	*nous aurons,*
tu auras,	*vous aurez,*
il aura,	*ils auront.*

CINQUANTE-SIXIÈME LEÇON (*suite*).

Devoirs.

88. Remplacez les points par le présent ou par le futur du verbe **avoir**.

Aujourd'hui j' ... tort. — Demain j' ... raison. — Maintenant tu ... peur. — Demain tu ... confiance. — En ce moment il ... de l'application, plus tard il ... du zèle. — A présent nous ... soif, ce soir nous ... faim. — Actuellement, vous ... de la fatigue, dimanche prochain, vous ... de l'agilité.

89. Copiez en remplaçant les points par un des mots : *présent*, *passé* ou *futur*.

MODÈLE : *J'ai tort aujourd'hui est au temps présent.*

J'ai tort aujourd'hui est à un temps ... — *J'avais* encore tort hier est à un temps ..., mais demain *j'aurai* raison est à un temps ... — *Nous avons* de bons parents est à un temps ... — *Tu avais* de bons camarades est à un temps ... — *Nous aurons* soin de toujours les aimer est à un temps ... — *Nous avons* du courage est à un temps ...

Orthographe. — Lisez et épelez : *chapeau*, *képi*, *bonnet*, *casquettes*. *Coiffures*. — *lit*, *table*, *chaise*, *armoire*, *Meubles*. — *courage*, *bonté*, *piété*, *charité*, *Vertus*. — *paresse*, *gourmandise*, *mensonge*, *égoïsme*, *Vices*.

Vocabulaire. — Quel nom peut remplacer à lui seul : *chapeau*, *képi*, *bonnet*, *casquette?* — Quel nom peut remplacer à lui seul : *courage*, *bonté*, *douceur*, *piété*, *charité?* — Et quel nom peut remplacer à lui seul : *paresse*, *gourmandise*, *mensonge*, *égoïsme*.

CINQUANTE-SEPTIÈME LEÇON

RÉCITATION

Une petite fille à sa poupée.

... Vous pensez sans doute, Julie,
Que l'on peut sans tant travailler,
Être une poupée accomplie,
Plaire, réussir et briller?
Qu'il suffit d'un joli visage,
Yeux noirs, beaux cheveux, dents d'émail,
Et même d'un joli corsage
Ou bien d'un élégant camail?
Non, non! être belle ma fille,
Ou riche, ce n'est rien encor :
Être sage, instruite et gentille,
Voilà quel est le vrai trésor!...

L. Tournier (Hachette et Cie, éditeurs).

Élocution. — 1. Que dit la petite fille à sa poupée? — 2. Énumérez toutes les choses que Julie détaille à sa poupée et qui servent à être belle? — 3. Est-ce beaucoup d'être belle ou riche? — 4. Que faut-il encore, suivant la petite fille? — 5. Est-ce aux poupées que cette leçon s'adresse? — 6. A qui doit-elle profiter? — 7. Les petits garçons n'ont-ils pas aussi à prendre cette leçon pour eux? — 8. Désirez-vous gagner le *vrai trésor* dont parle la petite fille? — 9. Que ferez-vous pour cela?

Devoir.

90. Épelez les noms communs contenus dans la fable que vous venez d'apprendre. Écrivez-les ensuite de mémoire. Vous les écrirez : 1° au singulier; 2° au pluriel.

CINQUANTE-HUITIÈME LEÇON

Formation du pluriel, S, X, Z.

LECTURE. — ***Une*** souri*s*, ***des*** souri*s*; ***une*** croi*x*, ***des*** croi*x*.

EXPLICATION. — On écrit au pluriel : *des souris*, *des croi***x**; comme on écrit au singulier : *une souri***s**, *une croi***x**. Ces noms ayant déjà au singulier **S** ou **X**, il est inutile d'y rien ajouter.

Lisez et apprenez :

50. Les noms déjà terminés au singulier par **S**, **X** ou **Z** *ne changent pas au pluriel.*

Devoirs. — **91.** Copiez :

On écrit un radis au singulier et on écrit de même des radis au pluriel.

92. Avec les noms suivants, faites des devoirs semblables au devoir n° 68 : *Un tapis, un prix, une noix, un repas, un cadenas, le bois, la perdrix, un nez, un pays.*

93. Écrivez à la suite de chacun des noms suivants le même nom au pluriel : *Un os, un héros, une brebis, le puits, la voix, un corps, un compas, le taillis, le gaz.*

CINQUANTE-NEUVIÈME LEÇON[1]

CONJUGAISON :

Les temps passés du verbe *avoir*.

Hier, *j'avais* beaucoup de gaieté.
Avant-hier *j'eus* du plaisir.
Autrefois, *j'ai eu* de la peine.

EXPLICATION. — *Hier*, *avant-hier*, *autrefois*, désignent le **temps passé**, celui qui ne reviendra plus ; et *j'avais*, *j'eus*, *j'ai eu* sont les temps passés du verbe *avoir*.

Lisez, apprenez et copiez :

51. Les **temps passés** du verbe *avoir* sont :

j'avais,	*tu avais*,	*il avait, etc.*
j'eus,	*tu eus*,	*il eut, etc.*
j'ai eu,	*tu as eu*,	*il a eu, etc.*[1]

Devoir.

94. COPIE. — Remplacez les points par un des temps passés du verbe *avoir*.

Hier, j' ... faim, le matin tu ... froid, avant-hier il ... peur. — Autrefois j' ... pitié du malheureux, tu ... regret de ta faute, il ... bon cœur. — La semaine passée nous ... du plaisir, vous ... des ennuis.

Orthographe. — Lisez et épelez : *arbres fruitiers : pommier*, *poirier*, *abricotier*, *cerisier*. — *Forêt*, *forestier : chêne*, *hêtre*, *sapin*, *bouleau*.

Vocabulaire. — 1. Quel est le fruit du pommier? du poirier? etc., etc. — 2. Quels mots pourraient encore désigner tous les arbres à fruits? — 3. Quels arbres voit-on dans la forêt? Quels mots pourraient encore désigner tous les arbres de la forêt?

1. Voir les pages 41, 44, 48.

SOIXANTIÈME LEÇON

Rédaction d'après l'image.

L'enfant désobéissant.

Questionnaire. — 1re *image :* 1. Où va le petit Jean que vous voyez sur l'image? — Quelles recommandations doit lui faire sa mère?

2e *image :* 2. Jean ne s'amuse-t-il pas en route? — Que voit-il?

3e *image :* 3. Qu'a fait Jean? — Que lui arrive-t-il? — Qui accourt dans le lointain? — Croyez-vous que Jean n'ait pas eu bien peur?

Racontez de vive voix cette histoire.

Devoir.

95. Épelez, copiez et achevez :

Jean part pour l'école. — Ne t'amuse pas en route, lui dit sa mère. Mais Jean est étourdi; il s'arrête à écouter un oiseau chantant sur un arbre. Jean découvre le nid de l'oiseau, il grimpe à ...; mais une branche ... et Jean reste suspendu; il va tomber. — Heureusement ... accourut; mais Jean a eu bien ..., il ne recommencera plus; car non seulement Jean a eu peur de tomber et de se casser ..., mais il regrette encore aujourd'hui le chagrin qu'il a causé à ...

SOIXANTE ET UNIÈME LEÇON

L'article.

LECTURE.

Le père.

La mère.

Les enfants.

EXPLICATION. — Devant les noms *père*, *mère*, *enfants*, il y a les petits mots **le, la, les,** que l'on appelle des articles.

Le se met devant un nom masculin singulier.

La se met devant un nom féminin singulier.

Les se place devant un nom pluriel, soit masculin, soit féminin.

Lisez et apprenez :

52. Les petits mots **le, la, les** placés devant un nom sont des **articles.**

53. L'article **le** se place devant un nom masculin singulier et s'écrit **le** ou **l'** : **le** père et l'enfant.

54. L'article **la** se place devant un nom féminin singulier et s'écrit **la** ou **l'** : **la** mère, l'église.

55. L'article **les** se place devant les noms pluriels : **les** hommes, **les** femmes, **les** oiseaux.

SOIXANTE ET UNIÈME LEÇON (*suite*).

Devoirs.

96. COPIEZ: *Le fauteuil. Devant le nom fauteuil, il y a l'article le, qui est du masculin singulier comme fauteuil.*

97. Avec les mots suivants, faites un devoir en prenant pour modèle le devoir n° 98 :

Le tabouret, la chaise, l'ouvrière, les anges, les images.

98. Écrivez au singulier et au pluriel les mots suivants, en mettant un article devant chacun d'eux :

Frère, sœur, ami, maison, église, clocher, lampe, lumière, oiseau, animal, homme.

MODÈLE: *Le frère, les frères*

99. Copiez en mettant un trait sous les articles.

Le soleil brille, les oiseaux chantent, le petit enfant se promène avec bonheur en tenant la main de grand-père. — Le chien saute et bondit sur le chemin, il a soif et il tire la langue. Tout à coup, il aperçoit le ruisseau de la prairie, il court, il boit, il est satisfait.

100. Nommez :

1° Les objets avec lesquels vous écrivez; 2° vos vêtements; 3° les métiers que vous connaissez, en mettant devant chaque nom d'abord ***le*** ou ***la***, et ensuite ***les***.

SOIXANTE-DEUXIÈME LEÇON

Conjugaison : **verbe *aimer*.**

TEMPS PRÉSENT.		TEMPS PASSÉ.
Aujourd'hui.		Hier.
J'aim*e*	le jeu.	J'aim*ais* quoi[1] ?
Tu aim*es*	le jeu.	Tu aim*ais*
Il ou *elle* aim*e*	le jeu.	Il ou *elle* aim*ait*
Nous aim*ons*	le travail.	Nous aim*ions*
Vous aim*ez*	le travail.	Vous aim*iez*
Ils ou *elles* aim*ent*	le travail.	Ils ou *elles* aim*aient*

56. Épelez et apprenez le verbe *aimer* au présent et au passé[2].

Devoir.

101. Écrivez au présent et au passé le verbe *chanter une chanson.* Vous vous servirez du verbe *aimer* pour modèle, et vous n'aurez qu'à remplacer *aim*, par *chant*.

Orthographe. — Lisez et épelez :

Sage et sagesse; bon et bonté; lourd et lourdeur; beau et beauté; méchant et méchanceté; doux et douceur; fidèle et fidélité; instruit et instruction.

Vocabulaire. — Comment est l'enfant qui a une des qualités suivantes : *sagesse*, *bonté*, *lourdeur*, *beauté*, *méchanceté*, *douceur*, *fidélité*, *instruction?* — Quand un enfant est-il sage et bon? — L'enfant laid et bon ne vaut-il pas mieux que l'enfant beau et méchant? — Devez-vous désirer avoir un caractère doux et un cœur fidèle? — Que deviendrez-vous si vous profitez de votre instruction?

1. Faire trouver des compléments par les élèves.

2. Faire conjuguer oralement sur *aimer* les verbes *chanter*, *parler*, *marcher*, etc., on écrira le radical de ces verbes au tableau, au-dessus du verbe *aimer* dont on aura souligné la terminaison.

SOIXANTE-TROISIÈME LEÇON

RÉCITATION

Le miroir.

La petite Laura s'admirait dans la glace ;
Sa mère dit : « Remets ce miroir à sa place.
— Je veux me voir, répond l'enfant, »
En pleurant, criant, trépignant.
« Tu le veux? Eh bien! tiens, regarde ta grimace! »
Et Laura vit dans le miroir
Un enfant en colère, épouvantable à voir.

RATISBONNE.

La Comédie enfantine (HETZEL et DELAGRAVE, éditeurs).

Élocution. — 1. Comment s'appelle la petite fille dont on parle dans cette fable? — 2. Que faisait la petite Laura? — 3. Que lui dit sa maman? — 4. Quel est le défaut des petites filles qui aiment à se regarder et à s'admirer dans la glace? — 5. Les mamans n'aiment-elles pas mieux les petites filles propres et simples que les petites coquettes? — 6. Comment Laura répond-elle à sa maman? — 7. Laura a donc encore un autre affreux défaut? — 8. Comment est le visage d'un enfant en colère? — 9. Croyez-vous que le cœur de l'enfant en colère soit plus agréable que son visage? — 10. La coquetterie est-elle plus particulièrement le défaut des petites filles ou celui des petits garçons? — 11. Et la colère? — 12. A qui fait-on du chagrin en se mettant en colère? — 13. Si vous êtes coquette ou colère, que devez-vous faire?

Devoir.

102. 1° Épelez les noms communs renfermés dans cette fable; 2° écrivez-les de mémoire : 1° au singulier, 2° au pluriel.

SOIXANTE-QUATRIÈME LEÇON

L'adjectif qualificatif.

LECTURE.

L'enfant *charitable*.

Le chien *fidèle*.

Le *bon* pain.

EXPLICATION. — Le mot **charitable** indique une qualité de l'enfant; **fidèle** indique une qualité du chien; **bon** indique une qualité du pain; *charitable*, *fidèle*, *bon*, sont des **adjectifs qualificatifs**, c'est-à-dire des mots ajoutés aux noms pour indiquer des qualités.

Lisez et apprenez :

57. L'adjectif qualificatif est un mot que l'on ajoute au nom pour indiquer la qualité d'une personne, d'un animal ou d'une chose : *Le* **bon** *père*, *le chat* **propre**, *la robe* **neuve**.

Exercice oral.

103. Remplacez les points par un adjectif qualificatif :

Louise salue poliment; Louise est ... — Marie prête complaisamment ses affaires; Marie est compl... — Paul obéit à son père; Paul est ...

SOIXANTE-QUATRIÈME LEÇON (*suite*).

Devoirs.

104. COPIEZ : *L'enfant obéissant ; obéissant qui marque une qualité de l'enfant, est un adjectif qualificatif*

105. Avec les mots suivants, faites des devoirs semblables au devoir du nº 104.

L'écolier poli. — Le chat agile. — Le beau manteau.

106[1]. Ajoutez aux noms suivants un adjectif indiquant une bonne qualité et un autre marquant un défaut ou une mauvaise qualité :

Le cheval —. Le mouton —. L'âne —. L'écolière —. La sœur —. Le boulanger —. La chaussure —.

107. Ajoutez aux noms suivants un adjectif marquant la forme et la couleur :

L'orange —. Le tableau —. Le chapeau —. La règle —.

108. Copiez et achevez :

Le contraire d'un bon cœur, c'est ... — Le contraire d'un enfant poli, c'est ... — Le contraire d'un homme méchant, c'est ... — Le contraire d'un écolier obéissant, c'est ... — Le contraire d'un homme riche, c'est ... — Le contraire d'un petit garçon, c'est ... — Le contraire d'un enfant propre, c'est ... — Le contraire d'un gros paquet, c'est un...

1. Faire faire oralement les exercices 108 et 109.

SOIXANTE-CINQUIÈME LEÇON

Conjugaison : verbe *aimer*.

Autres temps passés.

Pendant longtemps	Autrefois
J'aim*ai*	J'*ai* aimé
Tu aim*as*	Tu *as* aimé
Il ou *elle* aim*a*	Il ou *elle a* aimé
Nous aim*âmes*	Nous *avons* aimé
Vous aim*âtes*	Vous *avez* aimé
Ils ou *elles* aim*èrent*	Ils ou *elles ont* aimé
mieux rire que travailler.	les compliments.

58. Épelez et apprenez les temps passés du verbe *aimer*.

Devoir.

109. Écrivez les temps passés du verbe : *travailler avec courage*. Vous vous servirez du verbe *aimer* comme modèle en remplaçant **aim** par **travaill.**

Modèle : *Pendant longtemps je travaillai avec courage.*

Orthographe. — Lisez et épelez : Courage et courageux — adresse et adroit — vanité et vaniteux — attention et attentif — curiosité et curieux — fausseté et faux — franchise et franc — jalousie et jaloux — charité et charitable — gourmandise et gourmand.

Vocabulaire. — Indiquez les adjectifs de l'exercice d'orthographe ci-dessus, en disant s'ils marquent une qualité ou un défaut[1].

1. On peut faire donner par les enfants le féminin des adjectifs *courageux*, *faux*, *franc*, etc., en les mettant à la suite d'un nom féminin, et leur faire remarquer que le féminin de ces adjectifs et de beaucoup d'autres s'apprend par l'usage.

SOIXANTE-SIXIÈME LEÇON

Rédaction d'après l'image.

L'enfant fanfaron et peureux.

Questionnaire. — 1re *image :* 1. Que voyez-vous sur la 1re *image:* — 2. Que fait le petit Jean? — 3. Jean vous semble-t-il bien brave? — 2e *image :* 4. Quels nouveaux personnages arrivent? — 5. Qu'est devenu le beau courage de monsieur Jean? — 6. Où est Jean et comment se tient-il? — 3e *image :* 7. Où Jean a-t-il fini par se réfugier? — 8. Qui entre et voit Jean dans cette humiliante posture? — 9. N'y a-t-il que les petits garçons qui soient fanfarons et peureux?

Racontez de vive voix cette histoire.

Devoir. — **110.** Copiez et achevez.

Jean n'a peur de rien, il chante en brandissant son ... et il dit qu'il tuera les lions, les ours, etc. Un ... et une ... suffisent pour faire disparaître ce beau courage. Jean se tapit dans ... il finit même par se cacher sous ... Le papa de Jean entre et voit son fils dans cette humiliante posture. Qui fut bien honteux? C'est ...

SOIXANTE-SEPTIÈME LEÇON

Féminin des adjectifs : e

LECTURE

Le petit garçon.

La petit**e** fille.

Explication. — On dit le **petit** garçon; mais on dit la **petit***e* fille. La dernière lettre de **petit***e* est un **e** *muet* que l'on a ajouté à **petit**. Tous les adjectifs qui accompagnent un nom féminin ont un **e** muet à la fin comme **petit***e*.

Lisez et apprenez :

59. On écrit un adjectif qualificatif au féminin, en ajoutant un **e** muet à l'adjectif masculin.

Exercice oral.

111. On dit : au masculin | | au féminin

Un mot divin	et	une parole divine ...
Un cœur pur	et	une conscience ...
Le saint Évangile	et	la ... Bible.
Un cœur contrit	et	une âme ...
Un petit péché	et	une ... faute.
Un vrai chrétien	et	une ... chrétienne.

SOIXANTE-SEPTIÈME LEÇON

Féminin des adjectifs (*suite*).

Devoirs.

112. Copiez : *On écrit papa chéri sans e, au masculin, et maman chérie au féminin avec un e.*

113. Servez-vous du devoir n° 114 comme modèle et faites des devoirs semblables avec les mots suivants :

L'instituteur patient, l'institutrice patiente.
Le soldat obéissant, l'écolière obéissante.

114. Copiez et remplacez les points par un adjectif féminin.

Le maître savant.	*La maîtresse ...*
Le grand bureau.	*La ... table.*
Le mur gris.	*La muraille ...*
Le gazon vert.	*L'herbe ...*
Le soleil brillant.	*L'étoile ...*

115. Copiez et écrivez après chaque adjectif : *masculin* ou *féminin.*

Modèle : L'âne est patient (masculin).

L'âne est *patient.* — Le chien est *fidèle.* — Le chat est *hypocrite.* — Le moineau est *batailleur.* — Le mouton est *doux.* — La chèvre est *capricieuse.* — La souris est *grise.*

115 *bis.* Même devoir que le précédent.

Ma *petite* cousine Marie est *bavarde.* — Sa *bonne* maman lui montre combien le bavardage est un *vilain* défaut. — Marie se corrigera pour ne pas ressembler à un *sot* perroquet.

SOIXANTE-HUITIÈME LEÇON

CONJUGAISON : **verbe *aimer*.**

TEMPS FUTUR.

Demain et toujours
j'aim**erai** ma mère.
tu aim**eras** ta mère.
il ou *elle* aim**era** sa mère.
nous aim**erons** notre mère.
vous aim**erez** votre mère.
ils ou *elles* aim**eront** leur mère.

Devoirs.

116. Écrivez le futur du verbe *parler avec franchise*. Vous vous servirez du verbe *aimer* comme modèle et vous n'aurez qu'à remplacer *aim* par *parl*.

MODÈLE : *Demain et toujours je parlerai avec franchise.*

117. En regardant le verbe *aimer*, réciter les verbes *prier*, *écouter*, *renfermer*, *penser*.

Orthographe. — Lisez et épelez : enfant ingrat ou reconnaissant — élève ignorant et négligent ou instruit et soigneux — écolier distrait et étourdi — garçon hardi et fanfaron ou timide et modeste.

Vocabulaire. — Répondez à chaque question par un ou deux adjectifs contraires à ceux que renferme la question : que peut devenir l'enfant ingrat? — Que devrait être l'élève ignorant et négligent? — Que peut devenir l'écolier distrait et étourdi s'il se corrige? — Un garçon est souvent hardi et fanfaron, mais un garçon peut être au contraire... ?

SOIXANTE-NEUVIÈME LEÇON

RÉCITATION

La guenon, le singe et la noix.

Une jeune guenon cueillit
Une noix dans sa coque verte.
Elle y porte la dent, fait la grimace... « Ah ! certe !
Dit-elle, ma mère mentit
Quand elle m'assura que les noix étaient bonnes.
Puis croyez aux discours de ces vieilles personnes
Qui trompent la jeunesse ! Au diable soit le fruit ! »
Elle jette la noix. Un singe la ramasse,
Vite entre deux cailloux la casse;
L'épluche, la mange et lui dit :
« Votre mère eut raison, ma mie,
Les noix ont fort bon goût, mais il faut les ouvrir. »
Souvenez-vous que dans la vie,
Sans un peu de travail on n'a point de plaisir.

FLORIAN.

Élocution. — 1. De qui parle-t-on dans cette fable ? — 2. Qu'est-ce qu'une guenon ? — 3. Que dit la jeune guenon de la fable après avoir mordu dans la coque verte de la noix ? — 4. La guenon n'est-elle pas bien impolie et bien irrespectueuse à l'égard de sa mère ? — 5. Les petites filles qui parleraient ainsi de leur mère ne seraient-elles pas bien coupables ? — 6. Mais les guenons ne sont sans doute pas élevées avec tant de soin que les petites filles et leur impolitesse est par suite excusable, n'est-ce pas ? — 7. Que fait le singe avant de manger la noix ? — 8. Que dit-il à la petite guenon ? — 9. Quel conseil lui donne-t-il en terminant ? — 10. Est-ce aux petites guenons ou aux petits enfants impatients et paresseux que s'adressent ce conseil et cette leçon ?

SOIXANTE-DIXIÈME LEÇON

Féminin des adjectifs. — Terminaison e.

(*suite*).

LECTURE.

L'écureuil agil**e**.

La chèvre agil**e**.

EXPLICATION. — On écrit l'écureuil **agile**, au masculin, et la chèvre **agile** au féminin; **agile**, ayant déjà un **e** muet au masculin, n'a pas changé au féminin.

Lisez et apprenez :

60. L'adjectif qualificatif terminé au masculin par **e** ne change pas au féminin.

Exercice oral.

Ajoutez le même adjectif à un nom masculin et à un nom féminin. Dites si l'adjectif a changé.

Un cantique agréable, une prière ... — Le bonheur céleste, la gloire ... — Un caractère ferme, une foi ... — Un talent rare, une piété ... — Un cœur fidèle à Dieu, une âme ... — Le Sauveur admirable, la Vierge ...

SOIXANTE-DIXIÈME LEÇON

Féminin des adjectifs — Terminaison (*suite*).

Devoirs.

118. Copiez : *On écrit un brave homme au masculin et une brave femme au féminin ; l'adjectif qualificatif brave n'a pas changé.*

119. En prenant le devoir 118 pour modèle, faites d'autres devoirs avec les mots suivants :

Une procession magnifique, un étendard magnifique ; — un ange rebelle, une écolière rebelle ; — un simple chapelet, une simple médaille.

120. Ajoutez chacun des adjectifs suivants : 1° à un nom masculin ; 2° à un nom féminin, *utile, agréable, pénible, honnête, raisonnable, sage* et *docile*.

Modèle : Un homme *utile*, une femme *utile*.

Exercice oral.

121. Désignez les adjectifs qualificatifs qui ne changent pas au féminin, et ceux qui prennent un **e** muet.

La confession *nécessaire*.
Le *petit* David.
L'*énorme* Goliath.
Le *traître* Judas.
Le *barbare* Hérode.
Le séjour *céleste*.
La salutation *angélique*.
Le Paradis *terrestre*.
La communion *pascale*.
L'innocence *baptismale*.
La prière *salutaire*.
La religion *divine*.
L'*évangélique* charité.
La *sainte* Église.
Le *pauvre* religieux.
La *modeste* religieuse.

SOIXANTE ET ONZIÈME LEÇON

CONJUGAISON : **verbe *aimer*.**

Si cela était possible

J'aim*erais*	Nous aim*erions*
Tu aim*erais*	Vous aim*eriez*
Il ou *elle* aim*erait*	Ils ou *elles* aim*eraient*

jouer maintenant.

Le temps que vous venez de lire est aussi un temps présent, mais un temps présent **conditionnel** parce qu'il signifie : j'aimerais jouer maintenant, mais à une **condition**, c'est que cela soit possible. Les mots qui marquent la condition sont presque toujours précédés de **si**.

61. *Épelez et apprenez* le verbe **aimer**.

Devoir. — **122.** Écrivez au conditionnel présent le verbe : *parler mieux*, vous vous servirez encore du verbe *aimer* en remplaçant **aim** par **parl**.

MODÈLE : *Si cela était plus facile je parlerais mieux.*

Exercice oral. — **123.** RÉCITEZ :

Si le vent cessait, je sauterais à la corde.

Orthographe. — Lisez et épelez : laborieux, heureux, lourd, brave, faible, petit, aimable, froid.

Vocabulaire. — Trouvez des adjectifs qualificatifs indiquant le contraire des adjectifs que vous venez d'épeler. — Exemple : *laborieux*, *paresseux*.

SOIXANTE-DOUZIÈME LEÇON

Rédaction d'après l'image.

L'enfant courageux.

Questionnaire. — 1re *image*. 1. Que font la petite Marguerite et le petit Jean que vous voyez sur cette image ? — 2. Ne sont-ils pas imprudents de jouer si près de l'eau ? — 2e *image*. 3. Qu'est-il arrivé à Marguerite ? — 4. Où est son cerceau ? — 5. Que s'apprête à faire Jean ? — 3e *image*. 6. Dans quel état sont Jean et Marguerite ? — 7. Vers qui Jean conduit-il Marguerite ? — 8. Marguerite et sa maman ne sont-elles pas heureuses et fières de leur Jean ? — 9. Et Jean n'est-il pas heureux de sa belle action ? — 10. Aimeriez-vous à être courageux et bon comme le petit Jean ?

Racontez de vive voix cette histoire.

Devoir. — **124**. Copiez et achevez.

Jean et Marguerite jouent au ... près de la ... Marguerite veut rattraper son cerceau tombé ... et glisse ... Mais Jean est ... Il entre dans ... et sauve ... Puis il la conduit à ... Marguerite et sa mère sont heureuses et fières du courage ... et Jean pense surtout à la joie de ...

SOIXANTE-TREIZIÈME LEÇON

Formation du pluriel dans les adjectifs : S

LECTURE.

Un petit chat
et
des petit*s* chats.

EXPLICATION. — En disant *un petit chat*, on parle au singulier; en disant *des petit*s *chat*s, on parle au pluriel; et, au pluriel, l'adjectif *petit*s a, comme le nom *chat*s, une s qu'il n'a pas au singulier.

Lisez et apprenez :

62. Pour écrire les adjectifs au pluriel, on ajoute presque toujours s au singulier, comme dans les noms.

Devoirs.

125. COPIEZ : *Au singulier on écrit petit, mais au pluriel on écrit petits.*

126. Avec les adjectifs suivants faites des devoirs semblables au n° 125 : *Bon. — Obéissant. — Charmant.*

127. Écrivez les adjectifs suivants 1° *au singulier*, 2° *au pluriel : Petit, méchant, vaniteuse, bavarde, menteur, grand, maigre, docile, têtu, sage, bon, obéissant.*

SOIXANTE-QUATORZIÈME LEÇON

CONJUGAISON : verbe *finir*.

(63) TEMPS PRÉSENT				(64) TEMPS PASSÉ IMPARFAIT	
En ce moment				Hier	
Je	*finis*	**ma**	tâche	Je	*finissais*[1]
Tu	*finis*	**ta**	tâche	Tu	*finissais*
Il ou elle	*finit*	**sa**	tâche	Il ou elle	*finissait*
Nous	*finissons*	**notre**	tâche	Nous	*finissions*
Vous	*finissez*	**votre**	tâche	Vous	*finissiez*
Ils ou elles	*finissent*	**leur**	tâche	Ils ou elles	*finissaient*

Lisez, épelez et apprenez :

63 et **64**. Le verbe **finir** au *présent* et au *passé imparfait*.

Devoirs. — **128.** Prenez le verbe **finir** pour modèle et écrivez : 1° au présent; 2° à l'imparfait, le verbe *choisir une bonne compagne*. Vous remplacerez *fin* par *chois*.

MODÈLE : *Temps présent. Aujourd'hui je choisis une bonne compagne.*

129. Récitez au présent et à l'imparfait les verbes : *Guérir les malades — obéir à sa mère — réjouir son père.*

Orthographe. — Épelez : *sourd, aveugle, muet, paralysé, vigoureux, fort, robuste, leste, lourd, borgne.*

Vocabulaire. — Comment est l'enfant qui n'entend pas ? ... qui ne voit pas ? ... qui ne parle pas ? ... qui ne marche pas ? ... qui a de la force et une bonne santé ? — Que dit-on de l'enfant agile et vif ? — De celui qui se remue difficilement ? ... qui n'a qu'un œil ?

1. Faire ajouter par les élèves un ou deux compléments à *je finissais*.

SOIXANTE-QUINZIÈME LEÇON

RÉCITATION

La maman.

Qui nous aime dès la naissance?
Qui donne à notre frêle enfance
Son doux, son premier aliment?
C'est la maman.
Bien avant nous qui donc s'éveille?
Bien après nous, quel ange veille,
Penché sur notre front dormant?
C'est la maman.
A nous rendre sage qui pense?
Qui jouit de la récompense,
Et s'afflige du châtiment?
C'est la maman.
Amis, qui devons-nous sans cesse
Bénir pendant notre jeunesse,
Chérir jusqu'au dernier moment?
C'est la maman.

Poésies (PERRIN ET Cie, éditeurs). Mme TASTU.

Élocution. — De qui parle-t-on dans cette poésie? — Aimez-vous beaucoup votre maman? — Mais quand vous étiez un tout petit enfant d'un jour, l'aimiez-vous? — Et votre maman, elle, vous aimait-elle déjà? — Que dit-on de la maman pour vous montrer combien elle vous aime? — Pour être heureux, ne faut-il pas être sage? — Alors à quoi pense la maman? — Quand est-elle heureuse? — Et triste? — Quand votre mère sera vieille, que ses pas seront tremblants, comment devrez-vous l'aimer?

SOIXANTE-SEIZIÈME LEÇON

Formation du pluriel dans les adjectifs :

X	**AL** en **AUX**
Le beau drapeau,	Un hôpit*al* commun*al*,
Les beau*x* drapeau*x*.	Des hôpit*aux* commun*aux*.

Explication. — On écrit *le beau drapeau* au singulier et *les beau***x** *drapeau***x** au pluriel. **X** est la marque du pluriel pour l'adjectif *beau* comme pour le nom *drapeau*.

On écrit *un hôpital communal* au singulier et des *hôpit***aux** *commun***aux** au pluriel ; dans l'adjectif *communal* comme dans le nom *hôpital*, on a changé **al** en **aux** au pluriel.

Lisez et apprenez :

65. Les adjectifs terminés au singulier par **au** prennent, comme les noms, **x** au pluriel.

66. Presque tous les adjectifs terminés au singulier par **al**, changent, comme les noms, **al** en **aux** au pluriel.

Devoirs.

130. Copiez : On écrit le *nouveau bateau* au singulier et les *nouveau***x** *bateau***x** au pluriel.

131. Prenez le devoir n° 130 pour modèle et faites d'autres devoirs avec les noms et les adjectifs suivants[1] :

Un arbrisseau nouveau; un agneau jumeau; un journal national; un amiral loyal; un devoir oral; un cadeau royal; un beau rideau; un nouveau jeu.

1. Faire faire préalablement le devoir 131 de vive voix, en faisant épeler les noms et les adjectifs.

SOIXANTE-DIX-SEPTIÈME LEÇON

CONJUGAISON : verbe *finir.*

(67) TEMPS PASSÉ DÉFINI				(68) TEMPS PASSÉ INDÉFINI		
Hier soir				Ce matin		
Je	*finis*	mon	livre	J'	*ai*	*fini*
Tu	*finis*	ton	livre	Tu	*as*	*fini*
Il ou elle	*finit*	son	livre	Il ou elle	*a*	*fini*
Nous	*finîmes*	notre	livre	Nous	*avons*	*fini*
Vous	*finîtes*	votre	livre	Vous	*avez*	*fini*
Ils ou elles	*finirent*	leur	livre	Ils ou elles	*ont*	*fini*

67 et **68**. *Lisez*, *épelez et apprenez* les *temps passés* du verbe **finir.**

Devoirs.

132. Prenez le verbe **finir** pour modèle et écrivez : 1° au passé défini ; 2° au passé indéfini le verbe *rougir de plaisir*. Vous remplacerez *fin* par *roug*.

MODÈLE : *Temps passé défini :*
Hier je rougis de plaisir.

133. Récitez, au passé défini et au passé indéfini, les verbes :

Guérir les malades, *chérir* son grand-père, *réjouir* son père, *bondir* dans la prairie.

Orthographe. — Épelez, au masculin et au féminin : *docile*, *caressant*, *soumis*, *franc*, *loyal*, *savant*.

Vocabulaire. — Comment est l'écolier qui fait ce qu'on lui dit, qui a de la docilité ? — Celui qui aime les caresses ? — Qui a de la soumission ? — Celui qui ne ment jamais ? — Qui ne trompe personne ? — Celui qui sait beaucoup et bien[1] ?

1. Refaire cet exercice en mettant les questions au féminin et au pluriel.

SOIXANTE-DIX-HUITIÈME LEÇON

Rédaction d'après l'image.

Ne soyez pas dédaigneuse.

Questionnaire. — 1re *image :* Que voyez-vous sur cette image? — 2e *image :* Que voyez-vous sur la 2e image? — Où sont les compagnes de l'enfant tombée? — Laquelle de ces enfants vaut mieux à vos yeux? — L'enfant pauvre est riche en cœur et en courage, cela ne vaut-il pas mieux que d'être riche en habits et en argent? — 3e *image :* Que font maintenant les petites filles dédaigneuses? — Les aimez-vous mieux comme elles sont au commencement ou à la fin de l'histoire?

Racontez de vive voix cette histoire.

Devoir. — 134. Copiez et achevez :

A la promenade, des enfants jouent. Marie voudrait jouer aussi; elle est bien propre, quoique..., mais Jeanne, la fille du banquier, est... — Elle repousse Marie qui la regarde tristement. — Tout à coup arrive... Les enfants se sauvent et Jeanne... Marie s'élance... relève... Jeanne ne sera plus orgueilleuse, car elle saura désormais qu'un... habit cache souvent un cœur riche en... et en...

SOIXANTE-DIX-NEUVIÈME LEÇON

Formation du pluriel dans les adjectifs : S, X.

LECTURE. — Un repa*s* exqui*s* et délicieu*x*,
Des repa*s* exqui*s* et délicieu*x*.

EXPLICATION. — On écrit, au singulier comme ou pluriel : **un** ou **des** *repa*s *exqui*s et *délicieu*x. Les adjectifs *exqui*s, *délicieu*x, comme le nom *repa*s, ayant au singulier la marque du pluriel, il est inutile d'y rien ajouter.

Lisez et apprenez :

69. Les adjectifs terminés au singulier par **S, X,** ne changent pas au pluriel.

Devoirs.

135. COPIEZ : *On écrit au singulier : un enfant laborieux et on écrit au pluriel des enfants laborieux.*

136. Prenez le devoir 135 pour modèle et faites d'autres devoirs avec les noms et les adjectifs suivants :

Un lièvre peureux ; le brouillard épais ; le nuage gris ; l'écolier sérieux et silencieux ; l'enfant pieux.

137. Écrivez au singulier et au pluriel :

Le buisson épineux ; le vent frais ; le cidre mousseux ; le soldat courageux ; le cœur doux et soumis ; le chemin raboteux ; un fruit délicieux ; un palais silencieux.

QUATRE-VINGTIÈME LEÇON

Conjugaison : **verbe *finir*.**

(70) TEMPS FUTUR				(71) TEMPS PRÉSENT (CONDITIONNEL)	
Demain				Si je pouvais	
Je	*finirai*	ma	tâche	Je	*finirais*[1]
Tu	*finiras*	ta	tâche	Tu	*finirais*
Il ou elle	*finira*	sa	tâche	Il ou elle	*finirait*
Nous	*finirons*	notre	tâche	Nous	*finirions*
Vous	*finirez*	votre	tâche	Vous	*finiriez*
Ils ou elles	*finiront*	leur	tâche	Ils ou elles	*finiraient*

Lisez, épelez et apprenez :

70 et 71. Le *futur* et le *conditionnel* du verbe *finir*.

Devoirs. — **138.** Prenez le verbe **fin***ir* pour modèle et écrivez : 1° au futur; 2° au présent conditionnel le verbe **obé***ir avec plaisir*. Vous remplacerez **fin** par **obé**.

MODÈLE : *Temps futur :*

Demain j'obéirai avec plaisir.

139. Récitez : 1° au futur; 2° au présent conditionnel, les verbes : *Embellir le jardin — bondir joyeusement.*

Orthographe[2]. — Épeler : *palais somptueux — maison modeste — ville magnifique — village obscur — place vaste et belle — carrefour étroit et laid.*

Vocabulaire. — Quel est le plus grand du palais ou de la maison? — Que dit-on d'un palais très beau? — Et d'une maison ordinaire? — La ville est-elle plus grande que le village? — Le carrefour est-il plus petit que la place?

1. Faire ajouter par les élèves un ou deux compléments à *je finirais*.
2. Faire refaire l'exercice d'épellation au pluriel.

QUATRE-VINGT-UNIÈME LEÇON

RÉCITATION

Bonheur de l'enfant vertueux.

O bienheureux mille fois
L'enfant que le Seigneur aime,
Qui de bonne heure entend sa voix
Et que ce Dieu daigne instruire lui-même;
Aimé de ses parents, de tous les dons des cieux
Il est orné dès sa naissance;
Et du méchant l'abord contagieux
N'altère point son innocence.
Tel en un secret vallon
Sur le bord d'une onde pure,
Croît à l'abri de l'aquilon
Un jeune lis, l'amour de la nature.

RACINE.

Élocution. — 1. Du bonheur de quel enfant parle-t-on dans cette poésie? — 2. Est-ce avec les oreilles que l'on entend la voix du Seigneur? — 3. De qui est aimé l'enfant vertueux? — 4. Quels sont les dons des cieux que possède cet enfant? — 5. Qui donc protège son innocence? — 6. A quelle belle fleur ressemble l'enfant innocent et vertueux? — 7. Désirez-vous ressembler aussi à un beau lis blanc et sans taches? — 8. Est-ce la blancheur de votre visage ou la pureté de votre cœur qui vous rendra semblable au lis dont on parle dans cette poésie? — 9. Quelle vertu représente donc cette belle fleur? — 10. Comment garderez-vous votre innocence?

QUATRE-VINGT-DEUXIÈME LEÇON

Accord de l'adjectif avec le nom.

Lecture.

Achetez :
une **belle** *poupée*.
des *ballons* **rouges**,
des *ballons* **verts**,

Explication. — On écrit **belle** au féminin et au singulier comme *poupée*, parce que c'est la *poupée* qui est **belle**. On écrit de même **rouges** et **verts** au masculin et au pluriel comme *ballons*, parce que ce sont les *ballons* qui sont **rouges** et **verts**.

Lisez et apprenez :

72. L'adjectif prend toujours le même genre et le même nombre que le nom qu'il accompagne.

Devoirs.

140. Copiez :

La sœur complaisante; complaisante marque la qualité de la sœur; le nom sœur est au féminin singulier, et complaisante doit être au féminin singulier.

141. Faites le même devoir qu'au nº 140 avec les noms et les adjectifs suivants :

Un bon père; une fille soumise; des enfants sages.

1. Faire faire oralement l'exercice 141.

QUATRE-VINGT-DEUXIÈME LEÇON

Accord de l'adjectif avec le nom (*suite*).

142. Copiez et écrivez comme il faut les adjectifs :

Les enfants (*obéissant*). — Les tables (*noir*). — La (*mauvais*) action. — La forêt (*grand*) et (*désert*). — La poule (*vigilant*) et (*matinal*). — Les devoirs (*long*) et (*facile*).

143. Copiez en remplaçant les points par un adjectif convenable que vous ferez accorder avec le nom.

vert	L'hiver est...	La neige est...
brillant	L'été est...	Les étés sont...
froid	L'arbre est...	L'herbe est...
chaud	Le soleil est...	Les étoiles sont...
loyal	Le caillou est...	La pierre est...
dur	Le général est...	Les généraux sont...

144. Faites accorder l'adjectif avec les noms :

obéissant — Ma sœur est... Mes camarades sont... Mes petites cousines sont... Les écolières sages sont... Moi aussi je serai...

froid — La glace est... La neige est... La neige et la glace sont... Les hivers sont... Combien je désire voir finir le temps...

145. Même devoir :

matinal — L'alouette est... Le pinson est... Les hirondelles sont... Moi aussi je serai...

reconnaissant — Le chien est... Le cheval est... L'enfant doit être... Je serai.

QUATRE-VINGT-TROISIÈME LEÇON

CONJUGAISON : **verbe *recevoir*.**

(73) TEMPS PRÉSENT			(74) PASSÉ IMPARFAIT	
	Aujourd'hui			Hier
Je	*reçois*	un bon point	Je	*recevais*[1]
Tu	*reçois*	un bon point	Tu	*recevais*
Il ou elle	*reçoit*	un bon point	Il ou elle	*recevait*
Nous	*recevons*	un bon point	Nous	*recevions*
Vous	*recevez*	un bon point	Vous	*receviez*
Ils ou elles	*reçoivent*	un bon point	Ils ou elles	*recevaient*

Lisez, épelez et apprenez :

73 et **74**. Le verbe **recevoir** au *présent* et au *passé imparfait*.

Devoirs.

146. Prenez modèle sur le verbe **recevoir** et écrivez : 1° au présent ; 2° au passé imparfait, le verbe *apercevoir une étoile*. Vous remplacerez **rec** par **aperc**.

147. Réciter : 1° au présent ; 2° à l'imparfait, les verbes : *recevoir* une récompense ; *apercevoir* sa mère ; *devoir* écouter.

Orthographe. — Épelez : *hiver*, *neige*, *pluie glacée*, *vent humide*, *glace épaisse*, *frimas*.

Vocabulaire. — Quelle est la couleur de la neige ? — Trouvez-vous la neige belle à voir ? — Si vous n'aviez ni pain, ni feu, ni vêtements bien chauds, la trouveriez-vous belle ? — Qui donc est malheureux en hiver ? — Comment est la pluie en hiver ? — Et en été ? — Quel est le contraire du vent humide ? — De la glace épaisse ? — Le mot **frimas** ne désigne-t-il pas le froid, la neige, la glace, tous les mauvais temps de l'hiver ?

1. Faire ajouter par les élèves un ou deux compléments à *je recevais*.

QUATRE-VINGT-QUATRIÈME LEÇON

Rédaction d'après l'image.

Ne tracassez pas les animaux.

Questionnaire. — 1re *image :* Que voyez-vous sur cette image? — Le petit Jean et Médor vous paraissent-ils tous deux bien d'accord? — 2e *image :* Que fait Jean sur cette image? — Comment le chien supporte-t-il les agaceries de Jean? — 3e *image :* Que voyez-vous sur cette image? — Qui a été méchant le premier? — Jean avait-il un motif d'être méchant avec Médor? — Et Médor avait-il une raison pour attraper ainsi le petit Jean? — Lequel, à votre avis, a donc le plus mal agi? — Le papa de Jean ne lui avait-il pas défendu de taquiner Médor? — Jean a donc été désobéissant et méchant? — Que fera Jean désormais?

Racontez de vive voix cette histoire.

Devoir. — **148.** Copiez et achevez :

Médor est un brave homme de chien qui garde la... Mais il ne faut pas l'agacer. Quand Jean lui tire... et lui donne... Médor happe petit Jean par... et sans le papa qui... Jean passerait un mauvais quart d'heure. Ne taquinez pas les...

QUATRE-VINGT-CINQUIÈME LEÇON

L'adjectif démonstratif.

Lecture. — Prenez **ce** livre, **cette** plume et **ces** crayons.

Explication. — En disant **ce** *livre*, **cette** *plume*, **ces** *crayons*, je montre le livre, la plume, les crayons dont je parle.

Ce, cette, ces sont des adjectifs démonstratifs et ils remplacent **le, la, les.**

Lisez et apprenez :

75. Les **adjectifs démonstratifs** se mettent devant les noms pour **montrer** les personnes, les animaux ou les choses dont on parle.

76. **Ce** ou **cet** remplace **le** et se met devant un nom masculin singulier : **ce** *papa*, **cet** *arbre*.

77. **Cette** remplace **la** et se met devant un nom féminin singulier : **cette** *maman*, **cette** *page*.

78. **Ces** remplace **les** et se met devant un nom pluriel : **ces** *enfants*, **ces** *chapelles*.

Exercice oral.

149. Remplacez *le*, *la*, *les* par *ce*, *cet*, *cette* ou *ces*.

Regardez *le* rosier qui embellit *la* pelouse. Admirez *les* roses si fraîches qui viennent à peine de s'ouvrir. Cueillez *la* rose qui est près de vous, *les* violettes si parfumées, *le* réséda odorant, et faites-en un bouquet pour votre mère.

QUATRE-VINGT-CINQUIÈME LEÇON

(*suite*).

Devoirs.

150. COPIEZ : *Ce paysan : Ce montre le paysan dont on parle. Ce est un adjectif démonstratif, et ce est masculin singulier comme paysan.*

151. Prenez modèle sur le devoir 153 et faites d'autres devoirs semblables avec les noms suivants :

Ce crucifix;	*cette marraine;*	*ces enfants.*
Cet âne;	*ces ours;*	*ce château.*
Cette maison;	*cette image;*	*ce dé.*

152. Copiez en remplaçant les points par un adjectif convenable :

MODÈLE : *Ce garçon est studieux.*

... garçon est studieux.	... livre est amusant.
... enfant est têtu.	... maison est grande.
... élève est attentif.	... règle est droite.

153. Copiez en remplaçant l'article par un adjectif démonstratif convenable.

Il est tard ! Que la nuit est noire ! L'enfant s'est égaré dans les rues désertes. Que cherche l'homme qui court ainsi en appelant : Pierre, Pierre? Ah ! c'est l'enfant qui s'était perdu et qui est retrouvé. L'homme qui l'appelait est bien heureux, il l'embrasse avec joie. L'enfant aussi est heureux et rend à son père ses baisers.

QUATRE-VINGT-SIXIÈME LEÇON

CONJUGAISON : **verbe *recevoir*.**

(79) TEMPS PASSÉ DÉFINI			(80) TEMPS PASSÉ INDÉFINI		
Samedi après-midi			Cette semaine		
Je	*reçus*	la croix	J'	ai	*reçu*...
Tu	*reçus*	la croix	Tu	as	*reçu*...
Il ou elle	*reçut*	la croix	Il ou elle	a	*reçu*...
Nous	*reçûmes*	la croix	Nous	avons	*reçu*...
Vous	*reçûtes*	la croix	Vous	avez	*reçu*...
Ils ou elles	*reçurent*	la croix	Ils ou elles	ont	*reçu*...

Lisez, épelez et apprenez :

79 et **80**. Les *passés* du verbe **recevoir.**

Devoirs.

154. Écrivez : 1° au passé défini ; 2° au passé indéfini, le verbe : **aperc***evoir une faute*. Le verbe **rec***evoir* vous servira de modèle en remplaçant **rec** par **aperc.**

MODÈLE : *Passé défini : hier, en copiant ma dictée j'aperçus une faute.*

155. Récitez : 1° au passé défini ; 2° au passé indéfini, les verbes : *recevoir* des reproches — *apercevoir* un danger.

Orthographe. — Épelez : **Habitation, demeure,** *maison, appartement, chambre, cabane, villa, château, palais, hôtel, navire, — écurie, étable, bergerie, chenil, poulailler, porcherie, volière, ruche, fourmilière, nid.*

Vocabulaire. — Nommez les habitations ou les demeures des hommes. — Des oiseaux, des abeilles, etc. — Préférez-vous une modeste chambre chez vos parents ou un beau château chez des étrangers ? — Quelle est la plus belle maison pour les bons enfants ?

QUATRE-VINGT-SEPTIÈME LEÇON

RÉCITATION

La cigale et la fourmi.

La cigale ayant chanté
Tout l'été,
Se trouva fort dépourvue
Quand la bise fut venue;
Pas un seul petit morceau
De mouche ou de vermisseau.
Elle alla crier famine
Chez la fourmi sa voisine,
La priant de lui prêter
Quelque grain pour subsister
Jusqu'à la saison nouvelle.
« Je vous paierai, lui dit-elle,
Avant l'août, foi d'animal,
Intérêt et principal. »
La fourmi n'est pas prêteuse;
C'est là son moindre défaut !
« Que faisiez-vous au temps chaud?
Dit-elle à cette emprunteuse.
— Nuit et jour à tout venant,
Je chantais, ne vous déplaise.
— Vous chantiez ? j'en suis fort aise.
Eh bien! dansez maintenant. »

La Fontaine.

Élocution. — Qu'est-ce que la cigale? — Et la fourmi? — Quel est le caractère de la fourmi dans cette fable? — Aimez-vous cette dure et insensible fourmi?

QUATRE-VINGT-SEPTIÈME LEÇON

(*suite*).

— Et la pauvre cigale ne vous fait-elle pas pitié ? — La cigale a été étourdie, légère, imprévoyante ; vous ne devez pas l'imiter, n'est-ce pas ? — Afin de ne pas imiter la cigale que ferez-vous en sorte d'*amasser* pour plus tard, quand viendra l'âge dur et pénible où l'on doit vivre de ses ressources ? — De l'instruction, de l'argent, c'est bien ; mais afin de ne pas ressembler à la fourmi quel trésor devez-vous encore chercher à gagner ? — N'est-ce pas la bonté, la sensibilité du cœur ? — Quand vous serez plus âgés, que vous serez instruits et peut-être fortunés, si un ami imprévoyant et malheureux, comme la cigale, frappe à votre porte, que ferez-vous ?

Devoir.

Épelez et copiez.

La fourmi est travailleuse et économe, mais elle est dure et égoïste ; la cigale est étourdie et imprévoyante, mais elle est malheureuse. La fourmi aurait dû avoir pitié de la pauvre petite cigale qui avait chanté tout l'été sans penser aux froids de l'hiver. La cigale n'avait peut-être pas encore vu l'hiver et elle ne savait pas qu'elle n'aurait rien trouvé à manger pendant la rude saison. Il faut d'abord avoir pitié des ignorants et des malheureux, et leur donner à manger avant de leur faire durement sentir leurs torts.

QUATRE-VINGT-HUITIÈME LEÇON

De l'adjectif possessif.

LECTURE. — L'aveugle suit *son* chien qui le guide.

EXPLICATION. — En disant *l'aveugle suit* **son** *chien*, le mot **son** fait connaître à qui appartient le chien; **son** marque la **possession** : c'est un adjectif **possessif**.

Lisez et apprenez :

81. Les adjectifs **possessifs** se mettent devant les noms pour marquer à qui **appartiennent** les personnes, les animaux ou les choses dont on parle.

82. **Mon, ton, son, notre, votre, leur,** remplacent **le** et se mettent devant un nom masculin singulier : **mon** *père*, **ton** *frère*, **notre** *oncle*.

83. **Ma, ta, sa, notre, votre, leur,** remplacent **la**, et se mettent devant un nom féminin singulier : **ma** *mère*, **ta** *sœur*, **votre** *tante*.

84. **Mes, tes, ses** et **nos, vos, leurs,** remplacent **les** et se mettent devant un nom pluriel : **mes** *livres*, **nos** *amis*, **leurs** *cahiers*.

QUATRE-VINGT-HUITIÈME LEÇON

(*suite.*)

Exercices oraux.

156. Reconnaissez les adjectifs possessifs renfermés dans la lecture suivante :

Ma petite sœur n'est pas plus grande que mon polichinelle. Sa tête toute frisée n'est guère plus grosse que mon poing ; ses mains mignonnes ont de la peine à retenir mon ballon ; mais son cœur est certainement assez grand pour aimer papa, maman et son frère. Petite sœur, ton père, ta mère, ton frère et tes amis sont heureux de ton amour.

157. Refaites l'exercice 156 en disant si les adjectifs possessifs remplacent *le*, *la* ou *les*.

Devoirs.

158. COPIEZ : *Mon cahier : mon indique que le cahier m'appartient, mon est un adjectif possessif, et mon est masculin singulier, comme cahier.*

159. Prenez modèle sur le devoir 158 et faites des devoirs semblables avec les mots suivants : *Ma poupée ; mon encrier ; mon dé ; mon polichinelle ; tes billes ; leur plumier.*

159 *bis.* Même devoir.

Mon livre,	ma raquette,	vos fleurs,
sa plume,	ton volant,	tes bouquets,
leur carton,	leurs billes,	son jardin,
son crayon,	nos cordes,	notre maison.

QUATRE-VINGT-NEUVIÈME LEÇON

CONJUGAISON : verbe *recevoir*.

(85) TEMPS FUTUR	(86) CONDITIONNEL PRÉSENT
Tout à l'heure	Si j'étais sage
Je *recevrai* une récompense	Je *recevrais*
Tu *recevras* une récompense	Tu *recevrais*
Il *recevra* une récompense	Il *recevrait*
Nous *recevrons* des compliments	Nous *recevrions*
Vous *recevrez* des compliments	Vous *recevriez*
Ils *recevront* des compliments	Ils *recevraient*

Lisez, épelez et apprenez :

85 et **86**. Le *futur* et le *conditionnel* du verbe **recevoir**.

Devoir.

160. Écrivez : 1° au futur; 2° au présent conditionnel : **aperc***evoir la fumée de la locomotive*. Vous prendrez **recevoir** pour modèle en remplaçant **rec** par **aperc**.

MODÈLE : *Temps futur : Bientôt j'apercevrai la fumée de la locomotive.*

Orthographe. — Lisez et épelez : **vêtements**, robe, jupon, manteau, pantalon, gilet, blouse, paletot, corsage, redingote, tunique, pelisse, vareuse, pèlerine, bas, chaussettes, capuchon, habit, tablier.

Vocabulaire. — Quel nom peut, à lui seul, remplacer tous les noms que vous venez d'épeler? — Quels vêtements conviennent aux petits garçons et aux hommes? — Aux petites filles et aux femmes? — A toutes les personnes, hommes ou femmes? — Qui vous fournit vos vêtements? — Les petits enfants malpropres sur leurs vêtements paraissent-ils bien élevés?

QUATRE-VINGT-DIXIÈME LEÇON

Rédaction d'après l'image.

L'aumône discrète.

Questionnaire. — 1re *image.* 1. Que voyez-vous sur la première image? — 2. Le voyageur qui dort vous semble-t-il heureux ou malheureux? — 3. A quoi voyez-vous qu'il est malheureux?

2e *image.* 4. Que s'apprête à faire la petite fille?

3e *image.* 5. Où sont les enfants? — 6. Pourquoi se cachent-ils? — 7. Leur plaisir n'est-il pas doublé par la discrétion qu'ils ont mise à faire leur aumône?

Devoir.

161. Copiez et achevez :

Un voyageur ... et ... dort sous ... Deux enfants le ... la poche du pantalon du voyageur malheureux est béante et une bonne idée vient ... Le petit garçon prend une ... que la petite ... dépose ... Heureux de ce qu'ils ont fait, ils se ... derrière ... et leur plaisir est doublé en voyant la ... du ... qui en s'éveillant trouve ... dans ... Il faut être non seulement charitable, mais discret et délicat.

QUATRE-VINGT-ONZIÈME LEÇON

L'adjectif numéral.

LECTURE.

Combien sont-ils?

Un, deux, trois, quatre, cinq petits.

EXPLICATION. — Les mots *un*, *deux*, *trois*, *quatre*, *cinq*, servent à compter et font connaître **combien** de petits *oiseaux* jouent dans le sable. *Un*, *deux*, *trois*, *etc.*, sont des **adjectifs numéraux.**

Lisez, copiez et apprenez :

87. Les **adjectifs numéraux** servent à **compter** : *Un*, *deux*, *trois*, *quatre*, *cinq*, *six*, *quatorze*, *vingt*, *cent*, etc.

88. Les adjectifs numéraux se mettent devant les noms pour faire connaître le **nombre** des personnes, des animaux ou des choses dont on parle : **vingt** *élèves*, **douze** *crayons*, **trois** *poules*.

89. **Un** ou **une** se met toujours devant un nom singulier.

90. **Deux, trois, cent** et tous les autres adjectifs numéraux se mettent toujours devant un nom pluriel.

QUATRE-VINGT-ONZIÈME LEÇON (*suite*).

Exercice oral.

162. Reconnaissez les adjectifs numéraux dans la lecture suivante :

Jacques veut compter combien il a de parents pour l'aimer et le rendre heureux ; et il commence : Un père, une mère, deux grands-pères, deux grands'mères, trois oncles, quatre tantes, cinq ou six cousins, trois cousines... Mais Jacques n'est pas très fort en arithmétique ; il se perd dans tous ces nombres et finit par dire : Bah ! je n'ai peut-être pas cent parents, mais j'en ai beaucoup et je les aime bien !

Devoirs.

163. COPIEZ : *J'ai deux mains et dix doigts, deux, dix font connaître combien j'ai de mains et de doigts. deux, dix sont des adjectifs numéraux.*

164. Faites deux autres devoirs en prenant le devoir 163 pour modèle :

J'ai deux livres, trois cahiers et six plumes.
Mon frère a vingt billes, quinze jetons et trois balles.

165. Remplacez les points par un adjectif numéral :

Un chat a... pattes. — Un oiseau a... ailes et ... pieds. — Dans un jour il y a ... heures. — Une semaine se compose de ... jours. — Dans une année il y a ... mois et ... saisons. — Il y a ... doigts à chaque main. — J'ai ... yeux, ... oreilles, ... bras, ... mains, mais je n'ai qu'... cœur pour aimer mes parents et.... langue pour le leur dire.

QUATRE-VINGT-DOUZIÈME LEÇON

CONJUGAISON : verbe *rendre*.

(91) TEMPS PRÉSENT			(92) TEMPS PASSÉ IMPARFAIT	
Aujourd'hui			Hier	
Je	*rends*	service.	Je	*rendais*
Tu	*rends*	service.	Tu	*rendais*
Il ou elle	*rend*	service.	Il ou elle	*rendait*
Nous	*rendons*	service.	Nous	*rendions*
Vous	*rendez*	service.	Vous	*rendiez*
Ils ou elles	*rendent*	service.	Ils ou elles	*rendaient*

Lisez, épelez et apprenez :

91 et **92**. Le *présent* et le *passé imparfait* du verbe **rendre**.

Devoirs.

166. Écrivez : 1° au présent; 2° au passé imparfait, le verbe : **comprendre** *la leçon*. Vous prendrez **rend***re* pour modèle et vous remplacerez **rend** par **comprend**.

MODÈLE : *Temps présent : Aujourd'hui*
Je comprends la leçon.

167. Récitez : 1° au présent; 2° au passé imparfait, les verbes : *défendre* la patrie, *répondre* avec politesse.

Orthographe. — Lisez et épelez : **Chaussures**; bottes, bottines, brodequins, galoches, sabots, chaussons, souliers, pantoufles, patins, sandales.

Vocabulaire. — Par quel nom unique pouvez-vous désigner tous les noms que vous venez d'épeler? — Qui porte habituellement des bottes? — Des sabots? — Des brodequins, etc.? — Où et pourquoi met-on des pantoufles? — Que doit faire une petite fille attentionnée quand son père rentre fatigué?

QUATRE-VINGT-TREIZIÈME LEÇON

RÉCITATION

Pataud.

Va, mon enfant, tu fais très bien
D'être sensible et bon quand même,
Et de pleurer ce pauvre chien :
Car il faut aimer qui nous aime.
Or, il t'aimait bien, n'est-ce pas?
Ce compagnon de ton enfance,
Qui prenait part à tes ébats,
Qui prenait part à ta souffrance.
Pleure donc le pauvre *Pataud*,
J'en fais presque autant pour mon compte.
Il était laid, — mince défaut ; —
Il était bon, pleure sans honte.

Le Livre d'un père (HETZEL ET Cie, éditeurs). DE LAPRADE.

Élocution. — Qu'est-ce que Pataud? — Pataud était-il bon? — Aimait-il le petit enfant dont il avait été le compagnon? — Pourquoi le petit enfant pleurait-il? — Son papa lui donne-t-il tort ou raison de pleurer? — Pourquoi lui donne-t-il raison? — Puisqu'il faut aimer qui vous aime, qui devez-vous aimer par-dessus tout? — Et après votre papa, votre maman, qui aimerez-vous encore? — Doit-on regarder la beauté de ceux que l'on aime? — Pataud était-il beau? — Avec quoi aime-t-on? Avec son cœur ou avec sa jolie figure? — Que préférez-vous, un bon cœur ou une belle figure? — La beauté dure-t-elle toute la vie? — Et le cœur ne devient-il pas meilleur en grandissant comme en vieillissant?

QUATRE-VINGT-QUATORZIÈME LEÇON

Du pronom.

LECTURE. — Blanche est caressante, ***elle*** embrasse grand-père.

EXPLICATION. — Qui est caressante? c'est Blanche. Qui embrasse grand-père? c'est encore Blanche. Le mot *elle* remplace le nom Blanche; le mot *elle* est un **pronom**.

Dans **pronom** vous voyez le mot **nom**, et pronom veut dire *pour le nom*.

Lisez et apprenez.

93. Le **pronom** est un mot qui *remplace* le nom : **Pierre** *écoute et* **il** *répond bien.*

Exercice oral.

168. Reconnaissez les pronoms contenus dans les phrases suivantes :

Mon père est gai; il chante, il est heureux. Louis court, il saute, il bondit, il va tomber. Marie a peur, elle appelle sa mère; elle se jette dans ses bras.

QUATRE-VINGT-QUATORZIÈME LEÇON

(*suite*).

Devoirs.

169. COPIEZ : *Mon père est au jardin, il se promène. Le mot il qui remplace le nom père est un pronom. Le pronom il est au masculin singulier comme père.*

170. Prenez le devoir 169 pour modèle et faites d'autres devoirs semblables avec les phrases suivantes :

Ton frère est studieux, il apprend bien. Notre sœur est bonne, elle aime tout le monde.

171. Indiquez oralement le nom remplacé par chacun des pronoms soulignés.

MODÈLE : Le pronom *elle* remplace le nom *Pauline.*

Pauline est bavarde, *elle* sera punie. — Marguerite joue au lieu d'étudier, *elle* ne saura pas sa leçon. Son père sera mécontent, *il* ne l'emmènera pas à la promenade. — Pierre et Jean se donnent la main, *ils* marchent gentiment dans la rue en se tenant à côté de leur mère. — Louise et Jeanne courent trop vite, *elles* vont tomber.

172. Dites si les pronoms soulignés dans le devoir 171 sont du masculin ou du féminin, et du singulier ou du pluriel, et pourquoi.

MODÈLE : *Elle* est du féminin singulier parce que *elle* remplace *Pauline* qui est du féminin singulier.

QUATRE-VINGT-QUINZIÈME LEÇON

Conjugaison : verbe *rendre*.

(94) PASSÉ DÉFINI			(95) PASSÉ INDÉFINI [1]		
Le mois dernier			Ce mois-ci		
Je	*rendis*	dix points.	J'	ai	*rendu*
Tu	*rendis*	dix points.	Tu	as	*rendu*
Il ou elle	*rendit*	dix points.	Il ou elle	a	*rendu*
Nous	*rendîmes*	un franc.	Nous	avons	*rendu*
Vous	*rendîtes*	un franc.	Vous	avez	*rendu*
Ils ou elles	*rendirent*	un franc.	Ils ou elles	ont	*rendu*

Lisez, épelez et apprenez :

94 et **95**. Les *passés* du verbe **rendre**.

Devoirs.

173. Écrivez : 1° au passé défini ; 2° au passé indéfini : **descend***re l'escalier en courant.* Vous prendrez **rend***re* pour modèle et vous remplacerez **rend** par **descend.**

MODÈLE : *Passé défini. Dimanche dernier*
Je descendis l'escalier en courant.

174. Récitez : 1° au passé défini ; 2° au passé indéfini, les verbes : *mordre* à belles dents, *entendre* la cloche.

Orthographe. — Lisez et épelez : **Aliments** ; pain, viande, poulets, lapins, café, chocolat, sucre, sel, lait, fromage, beurre, œufs, fruits, gâteaux, crêpes.

Vocabulaire. — Par quel nom unique pouvez-vous remplacer tous les noms que vous venez d'épeler? — Qu'achète-t-on chez le boucher? — Au marché? — Chez l'épicier, etc.? — Lesquels de ces aliments préférez-vous ? — Un enfant bien élevé ne doit-il pas manger de tout ce que sa mère lui donne?

1. Ajouter un complément à *j'ai rendu...*

QUATRE-VINGT-SEIZIÈME LEÇON

Rédaction d'après l'image.

Le Pêcheur.

Questionnaire. — 1re *image.* 1. Que voyez-vous sur cette image? — 2. La mère et les enfants sont-ils tristes? — 3. Votre père est-il ainsi en danger chaque jour lorsqu'il part pour son travail? — 2e *image.* 4. Que voyez-vous sur cette image? — 5. S'il était malade, s'il mourait, qui lui porterait secours? — 3e *image.* 6. Que voyez-vous sur cette image? — 7. Où le pêcheur ira-t-il vendre ses poissons? — 8. Quand vous verrez au marché des coquillages et des poissons, pensez aux pêcheurs qui risquent leur vie pour vous les procurer.

Devoir. — **175.** Copiez et achevez.

La vie du pêcheur est dure. Il quitte ... pour aller seul en pleine mer ... le poisson que nous mangeons. Il peut être ... il peut ... personne ne sera là près de lui. Aussi lorsqu'il revient, combien sa femme et ses enfants sont ...! Ils le débarrassent de son ... S'il a fait une bonne pêche, ils sont sûrs d'avoir ... et ils ne craignent plus de voir ... leur père.

QUATRE-VINGT-DIX-SEPTIÈME LEÇON

La première personne.

LECTURE. — Blanche et petit Jean causent : ***Moi,*** dit Blanche, ***je*** suis étourdie, mais toi, tu es paresseux. Oh ! oui, répond Jean, ***nous*** ne valons pas cher.

EXPLICATION. — Lorsque Blanche *parle d'elle-même*, elle dit : **moi, je**, et lorsque petit Jean *parle de lui-même*, il dit aussi **moi, je**. Les pronoms **moi, je**, remplacent le nom de la personne qui *parle d'elle-même* c'est-à-dire de la **1re personne**.

Lisez, copiez et apprenez :

96. Quand **on** parle de **soi-même**, on remplace son nom par les pronoms **je, me, moi, nous** : **je** *chante*, **nous** *chantons*.

97. Le pronom **Je** s'écrit aussi **J'**. **J'***aime et* j'*obéis*.

98. La personne qui parle d'elle-même est la **première personne**.

Exercice oral.

176. Lisez en indiquant les pronoms de la 1re personne.

Lucien est orgueilleux : moi, dit Henri, je voudrais que les orgueilleux fussent toujours punis, je me réjouirais de les voir humiliés ; je serais content de leur confusion. Lucien répond : « Je suis orgueilleux, c'est vrai, mais je ne voudrais pas être méchant comme toi. »

QUATRE-VINGT-DIX-SEPTIÈME LEÇON

(*suite*).

Devoirs.

177. COPIEZ : *En disant je chante, le pronom je remplace mon nom à moi qui parle et qui suis de la première personne.*

178. Même devoir qu'au n° 177, avec les phrases suivantes :

Je ris, j'écoute, je parle.
J'étudie, je cours, je chante.

179. Remplacez les points par *Je*, *J'*, *Moi* ou *Nous*.

Bébé dit à sa sœur : J'aime papa qui travaille pour ... — ... chéris maman qui joue avec ... — Bébé et sa sœur disent tous les deux ensemble : ... aimerons toujours nos parents ; ... travaillerons beaucoup ; ... serons bien sages pour faire plaisir à papa et à maman et ... deviendrons ainsi de bons petits enfants.

180 *a*. Remplacez les points par *me* ou *je*.

Pierre dit à sa sœur : mon père me gronde et je pleure. — Ma mère ... parle et ... écoute. — Mon oncle ... cherche et ... cours. — Mon livre ... plaît et ... lis. — Mon frère ... amuse et ... ris.

180 *b*. Remplacez les points par *tu* ou *vous*.

... veux toujours être le cocher quand Henri et toi ... jouez au cheval ; ... cries, ... disputes. Henri fait comme toi et ... finisssez toujours par ... fâcher. Si ... continuez, papa et maman ne ... laisseront plus jouer ensemble.

QUATRE-VINGT-DIX-HUITIÈME LEÇON

CONJUGAISON : verbe *rendre*.

(99) TEMPS FUTUR				(100) PRÉSENT (CONDITIONNEL)[1]	
Bientôt				S'il le fallait	
Je	*rendrai*	mon	devoir	Je	*rendrais*
Tu	*rendras*	ton	devoir	Tu	*rendrais*
Il ou elle	*rendra*	son	devoir	Il ou elle	*rendrait*
Nous	*rendrons*	notre	devoir	Nous	*rendrions*
Vous	*rendrez*	votre	devoir	Vous	*rendriez*
Ils ou elles	*rendront*	leur	devoir	Ils ou elles	*rendraient*

Lisez, épelez et apprenez :

99 et **100**. Le *futur* et le *conditionnel* du verbe **rendre**.

Devoirs.

181. Écrivez : 1° au futur ; 2° au présent conditionnel, le verbe **attendre** *son père*. Vous prendrez **rend**re pour modèle en remplaçant **rend** par **attend**.

MODÈLE : *Futur : Bientôt ou demain, J'attendrai mon père.*

182. Récitez : 1° au futur ; 2° au présent conditionnel les verbes : *Attendre* la sortie. — *Répondre* bien[2].

Orthographe. — Lisez et épelez : infirmes, *bossu*, *boiteux*, *aveugle*, *sourd*, *muet*, *borgne*, *manchot*, *louche*.

Vocabulaire. — Un bossu est-il un infirme? et un boiteux? qu'est-ce qu'un aveugle? un sourd? — Un borgne a-t-il le cœur moins bon parce qu'il est infirme d'un œil? — ... Avez-vous du mérite à n'être point infirmes? — l'infirme est-il coupable ou malheureux? — Si vous avez bon cœur, et si vous êtes bien élevés, comment vous conduirez-vous à l'égard des infirmes?

1. Ajouter un complément à *je rendrais*...
2. Faire précéder ces verbes des différents mots qui indiquent : 1° le futur ; 2° le présent.

QUATRE-VINGT-DIX-NEUVIÈME LEÇON

RÉCITATION

Ma mère.

Ma mère, que j'aime beaucoup,
M'a donné tout.
J'aimerai cette bonne mère
Ma vie entière.
Elle m'a soigné tout petit,
On me l'a dit.
Elle a balancé ma couchette,
Blanche et proprette;
M'apprit à marcher pas à pas,
Tenant mon bras.
A dire un mot, puis à tout dire,
Même à sourire...
Si je pleure, elle me console
D'une parole;
Et vite son baiser charmant
Me rend content.
Je veux rendre heureuse ma mère,
Ma vie entière,
Travailler, et l'aimer bien fort
Jusqu'à la mort.

Chanson de l'Enfant (FISCHBACHER, éditeur). J. AICARD.

Élocution. — Comment l'enfant qui parle dans cette pièce dit-il qu'il aime sa mère? — Et pendant combien de temps l'aimera-t-il? — Est-ce long une vie entière? — Comment rend-on une mère heureuse? Pourrez-vous tous rendre votre mère heureuse? — Que ferez-vous pour cela dès aujourd'hui? — Et demain? — Et dans un mois? — Dans vingt ans? — Toujours? — Vous ferez donc comme celui qui a écrit cette poésie? — Quel est son nom?

CENTIÈME LEÇON

La deuxième et la troisième personne.

LECTURE. — Blanche dit à Jean : ***Toi tu*** es paresseux, mais ***tu*** es intelligent; Pierre aussi était paresseux, et comme ***il*** était intelligent, ***il*** s'est corrigé.

EXPLICATION. — C'est à Jean que Blanche parle en disant : *toi tu* es paresseux, mais c'est de Pierre qu'elle parle en disant *il* était intelligent. Les pronoms *toi*, *tu*, remplacent le nom de la personne **à qui** l'on parle, et le pronom *il* remplace le nom de la personne **de qui** l'on parle ; **tu** désigne la **2e personne**, il désigne la **3e personne**.

Lisez, copiez et apprenez :

101. En parlant **à quelqu'un,** on remplace le nom de cette personne par **tu, te, toi** ou **vous**.

102. La personne **à qui** l'on parle est la **2e personne.**

103. En parlant **de quelqu'un,** on remplace le nom de cette personne par **il** ou par **elle.**

104. La personne **de qui** l'on parle est la **3e personne.**

Exercice oral.

183. Indiquez la personne remplacée par les pronoms dans :

Je chante et *tu* m'écoutes. — *Je* pleure et *tu* partages mon chagrin. — *Nous* travaillons et *vous* ne faites rien.

CENTIÈME LEÇON (*suite*).

Devoirs.

184. COPIEZ : *En disant tu pries, c'est à toi que je parle, et je remplace ton nom par tu.*

185. Même devoir qu'au n° 184 avec les mots suivants :

Tu écoutes, *vous écoutez.*
Tu récites, *vous dansez.*

186. Copiez : En disant *il* chante, je parle de quelqu'un et je remplace le nom de cette personne par *il.*

187. Même devoir qu'au n° 186 avec les mots suivants :

Il pleure, *elle prie.*
Il raconte, *elle boude,*

188 *a.* Copiez en indiquant par un chiffre la personne remplacée par les pronoms soulignés :

Je me promenais jeudi avec Georges. Georges voulut avoir mon ballon. *Tu* m'as promis ton ballon, me dit-il ; *tu* dois me le donner. *Je* le lui refusai ; *nous nous* disputâmes et *nous* gâtâmes tout notre plaisir. Notre mère dit à notre père, en rentrant : voici deux vilains garçons. Georges a été volontaire, *il* a de plus été exigeant, mais Henri est égoïste et *il* a en outre été têtu comme un mulet.

188 *b.* Même devoir qu'au n° 188 *a.*

Je chante, *je* ris, *je* suis toujours content. *Tu* boudes, *tu* pleures, *tu* es malheureux. *Nous* ferions bien mieux de faire en sorte d'être heureux tous les deux.

CENT UNIÈME LEÇON

CONJUGAISON : **verbes en *ER*.**

LECTURE. — J'*aime* maman, je lui donne mon cœur.

EXPLICATION. — Quand vous dites : *J'***aime** *maman*, le verbe dont vous vous servez a un nom ; il s'appelle le verbe **aimer**. Tous les verbes dont le nom est terminé par **er**, comme **aimer, donner,** sont de la 1re *conjugaison*.

Lisez et apprenez :

105. Tous les verbes dont le nom est terminé en **er,** comme **aimer,** sont des verbes de la 1re *conjugaison*.

Devoirs.

189 COPIEZ : *Le verbe dont je me sers en disant : Je danse s'appelle le verbe danser. Danser est un verbe de la 1re conjugaison comme aimer.*

190. Mêmes devoirs qu'au n° 189 avec les mots suivants : *Je chante. J'embrasse. Je parle.*

Orthographe. — Lisez et épelez : *bavarder, chanter, manger, travailler, nager, pleurer, courir, dormir, bondir, — pie, rossignol, ogre, nègre, poisson, fontaine, lièvre, loir, chat.*

Vocabulaire. — Qu'est-ce que bavarder comme une pie ? — Chanter comme un rossignol ? — Manger comme un ogre ? — Travailler comme un nègre ? — Nager comme un poisson ? — Pleurer comme une fontaine ? — Courir comme un lièvre ? — Dormir comme un loir ? — Bondir comme un chat ?

CENT DEUXIÈME LEÇON

Rédaction d'après l'image.

Les enfants obligeants et bien élevés.

Questionnaire. — 1re *image.* 1. Que voyez-vous sur cette image? — 2. Yvon et Jeanne se contentent-ils de dire : Bonjour, monsieur? — 2e *image.* 3. Que font Yvon et Jeanne? — 4. Yvon a-t-il honte de porter le panier de la vieille femme? — 5. Ne connaissez-vous pas des petits garçons qui disent que c'est l'affaire des filles de porter le panier de provisions? — 6. Mais Yvon est sans doute trop intelligent pour dire de semblables sottises? — 3e *image.* Que voyez-vous sur cette image? — Croyez-vous que Yvon et Jeanne ne sont pas heureux de ramener le petit Charlot à sa mère?

Racontez de vive voix cette histoire.

Devoir. — 191. Copiez et achevez.

Jeanne et Yvon sont bien élevés; ils ont de la politesse et de la bonté. — Dans la ..., ils saluent gracieusement ... — S'ils rencontrent une ..., ils lui aident à porter ... — Jeanne prend ... et Yvon ... — Ils ramènent avec joie le petit ... qui s'était ... — Tout le monde les ... et ils sont ...

CENT TROISIÈME LEÇON

Les pronoms personnels.

LECTURE. — Papa, *je* t'aime et *tu* m'aimes aussi; maman nous aime, elle est heureuse.

EXPLICATION. — *Je* remplace le nom de la 1re personne ou de la petite fille qui parle;

Tu remplace le nom de la 2e personne ou du papa à qui l'on parle;

Elle remplace le nom de la 3e personne ou de la maman de qui l'on parle.

Je, tu, elle, sont des **pronoms personnels.**

Lisez et apprenez :

106. Les pronoms personnels remplacent les noms des 3 personnes.

107. Les pronoms personnels sont :

Pour la 1re *personne :* **je, me, moi, nous.**

Pour la 2e *personne :* **tu, te, toi, vous.**

Pour la 3e *personne :* **il, elle, lui, ils, elles, eux.**

Devoirs.

192. Copiez et remplacez les points par un pronom :

1re PERSONNE : *Je pars pour l'école et ma mère me conduit.* 2e PERSONNE : ... *arrives de l'école et ton père ... caresse.* 3e PERSONNE : ... *écoute son père, et son père ... donne des conseils.*

193. Dire à quelle personne appartient chaque pronom :

MODÈLE : *Tu*, pronom personnel de la 2e personne.

Tu salueras poliment ta maîtresse en entrant en classe. Si *elle te* gronde, c'est pour *te* rendre plus raisonnable. Si *elle te* punit, dis-*lui* le soir avant de partir : Madame, *je* serai sage demain.

CENT QUATRIÈME LEÇON

CONJUGAISON : **verbes en *IR*.**

LECTURE. — En m'appliquant, je ***finirai*** bien ma page.

EXPLICATION. — L'enfant qui dit : *Je finirai bien ma page*, se sert d'un verbe appelé : le verbe **finir**. Tous les verbes dont le nom est terminé par les lettres **ir**, comme **finir**, sont de la **2e conjugaison**.

Lisez et apprenez :

108. Tous les verbes dont le nom est terminé en **ir**, comme **finir**, sont des verbes de la 2e *conjugaison*.

Devoirs.

194. COPIEZ: *Le verbe dont je me sers en disant: Je chéris s'appelle le verbe chérir. Chérir est un verbe de la 2me conjugaison comme finir.*

195. Avec les mots suivants, faites des devoirs semblables au nº 194 : *J'obéirai.* — *Je guérissais.* — *Je rougis.*

Orthographe. — Lisez et épelez : — *léger*, *têtu*, *doux*, *leste*, *rusé*, *matinal*, *orgueilleux*, *noir*, *lent*, *muet*, *capricieux*. — *papillon*, *âne*, *mouton*, *chat*, *renard*, *coq*, *paon*, *corbeau*, *tortue*, *poisson*, *chèvre*.

Vocabulaire. — Que veut-on dire en disant d'un (*enfant*) qu'il est léger comme un papillon? — Quand dit-on d'un enfant qu'il est têtu comme un âne? — Doux comme un mouton? — Leste comme un chat? — Rusé comme un renard? etc.

CENT CINQUIÈME LEÇON

RÉCITATION

La grand'mère.

Caressez bien, enfants, votre chère grand'mère,
Soyez pleins de respect pour ses beaux cheveux blancs;
Sachez qu'elle est tout près de quitter cette terre,
Et que rien n'est plus doux que des baisers d'enfants.

Dans vos petits chagrins, dans vos peines amères,
Confiez-lui toujours sans crainte vos soucis;
L'indulgence est surtout dans les cœurs de grand'mères,
Elles savent changer les pleurs en joyeux ris.

Les petits chants des Écoliers (A. Colin et Cie, édit.). FÉLIX COMTE.

Élocution. — 1. Qui d'entre vous a sa grand'mère? — 2. A-t-elle aussi de beaux cheveux blancs? — 3. Comment serez-vous pleins de respect pour elle? — 4. Ne peut-on pas avoir plus d'une grand'mère? — 5. De qui votre grand'mère est-elle la maman? — 6. Comment appelle-t-on très souvent sa grand'mère? — 7. Ce mot de *Bonne Maman* vous paraît-il plus beau que celui de grand'mère? — 8. Pourquoi grand'mère est-elle tout près de quitter cette terre? — 9. Avez-vous donc du chagrin, des peines? — 10. Lesquels? — 11. Comment confierez-vous ces chagrins à votre grand'mère? — 12. Qu'est-ce que l'indulgence? — 13. Pourquoi les grand'mères savent-elles changer vos pleurs en rires? — 14. Suffit-il de bien aimer pour rendre heureux ceux que l'on aime? — 15. Ne faut-il pas être indulgent et bon? — 16. Qui d'entre vous va faire son possible pour aimer et respecter comme il faut sa grand'mère?

CENT SIXIÈME LEÇON

Le verbe.

LECTURE.

Bébé ***est*** tout petit,
il ***joue***;
minet ***dort***
et maman ***travaille***.

EXPLICATION. — Le mot *est* sert à marquer que le bébé est quelque chose; le mot *joue* marque ce qu'il fait; les mots *dort*, *travaille* marquent ce que font minet et maman : *est*, *joue*, *dort*, *travaille* sont des **verbes**.

Lisez et apprenez :

109. Le **verbe** est un mot qui marque que **l'on est** ou que **l'on fait** quelque chose.

Devoirs.

196. COPIEZ : *Avec un couteau on <u>coupe</u>. Coupe est un verbe.*

197. Même devoir qu'au nº 196 avec les phrases suivantes : *Avec une plume, on écrit — Avec un arrosoir, on arrose — Avec les yeux, on voit — Avec les jambes, on marche.*

CENT SIXIÈME LEÇON (*suite*).

Devoirs[1].

198. Copiez et choisissez un verbe pour remplacer chaque tiret :

instruit	Le maître —
étudie	L'élève —
guérit	Le général —
commande	Le soldat —
obéit	Le médecin —

199. Même devoir :

vole, chante	Le médecin — et —
soigne, guérit	La mère — et —
console, pardonne	L'oiseau — et —
écrit, récite	L'écolier — et —
aboie, saute	Le chien — et —

200. Copiez et choisissez un verbe pour remplacer chaque tiret :

Verbes à choisir : *nage* — *galope* — *sonne* — *brûle* — *miaule* — *plante* — *coud* — *tisse*.	Le jardinier — Le feu — Le cheval — La cloche — Le chat — La couturière — Le poisson — Le tisserand.

201. Copiez et trouvez un verbe pour remplacer chaque tiret :

Le peintre — Le moulin — Le soleil — Le vent — Le perroquet — La pluie — Le tonnerre — Le forgeron — La pendule — L'étoile —.

201 *bis*. Même devoir que le précédent.

Le pain — L'eau — La couturière — Le serin — Le menteur — Le voyageur — La brodeuse — Le couteau — La fourchette — Le loup — Le chasseur.

1. Faire faire préalablement tous ces devoirs de vive voix.

CENT SEPTIÈME LEÇON

3e CONJUGAISON : **verbes en *OIR*.**

LECTURE. — Le jour des prix je ***recevais*** une couronne que je portais à grand-père.

EXPLICATION. — Quand on dit *je* **recevais** *une couronne*, le verbe dont on se sert a un nom, il s'appelle le verbe **recevoir**.

Tous les verbes dont le nom est terminé par les lettres **oir**, sont de la 3e *conjugaison*.

Lisez et apprenez :

110. Tous les verbes dont le nom est terminé en **oir,** comme **recevoir,** sont des verbes de la 3e *conjugaison*.

Devoirs.

202. COPIEZ : *Le verbe dont je me sers en disant : J'aperçois un oiseau, s'appelle le verbe apercevoir. Apercevoir est un verbe de la 3me conjugaison comme recevoir.*

203. Avec les mots suivants, faites des devoirs semblables au devoir n° 202. Je *vois*. Je *devais*. Tu *savais*.

CENT HUITIÈME LEÇON

CONJUGAISON : verbes en *RE*.

LECTURE. — Le soir, je ***rendais*** à grand-papa le service de rouler son fauteuil près du feu.

> EXPLICATION. — Quand on dit : *Je* **rendais** *à grand-papa le service...*, le verbe dont on se sert a un nom ; il s'appelle le verbe **rendre**. Tous les verbes dont le nom est terminé par les lettres **re** sont de la 4e *conjugaison*.

Lisez et apprenez :

111. Tous les verbes dont le nom est terminé en **re**, comme **rendre**, sont des verbes de la 4e *conjugaison*.

Devoirs.

204. COPIEZ : *Le verbe dont je me sers en disant J'attendrai, s'appelle le verbe attendre. Attendre est un verbe de la 4me conjugaison comme rendre.*

205. Avec les mots suivants, mêmes devoirs qu'au n° 204 : *Je vendais, tu défendras, je perdis, il répond.*

Orthographe. — Lisez et épelez : On peut donner ou recevoir, aimer ou haïr, promettre ou refuser, punir ou récompenser.

Vocabulaire. — Quel est le contraire du verbe donner? du verbe aimer? du verbe promettre? du verbe punir? Que préférez-vous, donner ou recevoir? Qui faut-il aimer? Que faut-il haïr? Quand faut-il promettre? Faut-il parfois refuser? Quand on a promis, doit-on tenir sa promesse? etc., etc.

CENT NEUVIÈME LEÇON

Rédaction d'après l'image.

Mon grand frère Jacques.

Questionnaire. — 1re *image*. 1. Quels personnages voyez-vous sur cette image? — 2. Jacques fait-il bien de promener son vieux grand-père et sa jeune sœur orpheline au lieu de suivre ses camarades? — 2e *image*. 3. Que voyez-vous? — 4. Jacques continue-t-il à être complaisant? — 3e *image*. 5. Qu'est devenu Jacques? — 6. Pourquoi le soldat présente-t-il les armes à Jacques? — 7. Aimeriez-vous un grand frère bon et brave comme Jacques?

Racontez de vive voix cette histoire.

Devoir. — **206.** Copiez et complétez :

Jacques l'Alsacien est à l'École polytechnique. Il est fort comme ... et doux comme ... Les jours de sortie, il irait volontiers s'amuser avec ses ... mais il pense à la joie de grand-père et de petite sœur lorsqu'il sort avec eux, et il les ... Pendant les vacances, Jacques et Louise ... Trois ans plus tard Jacques est devenu ... il s'est battu pour la France, il a été blessé ... et quand il passe devant un factionnaire, le militaire lui présente ... Jacques a fait son devoir ... Louise est fière ...

CENT DIXIÈME LEÇON

Le sujet du verbe.

L'enfant ***joue.*** Le cheval ***galope.*** Le navire ***flotte.***

EXPLICATION. — C'est l'*enfant* qui *joue ;* c'est le *cheval* qui *galope ;* c'est le *navire* qui *flotte ; enfant*, est le **sujet** de *joue ; cheval* est le **sujet** de *galope ; navire* est le **sujet** de *flotte.*

Lisez et apprenez :

112. On appelle **sujet** d'un verbe, le mot désignant la *personne*, l'*animal* ou la *chose* qui est ou qui **fait** quelque chose.

113. Pour trouver le **sujet** du verbe, on fait avant le verbe la question **qui ?** ou **qui est-ce qui ?** Le mot qui répond à cette question est le sujet : **qui est-ce qui** joue ? l'enfant est le **sujet** de joue.

CENT DIXIÈME LEÇON (*suite*).

Devoirs.

207. COPIEZ : *L'enfant pleure. C'est l'enfant qui pleure, l'enfant est le sujet de pleure.*

208. Même devoir qu'au n° 207 avec les phrases suivantes :

Le moulin tourne. *L'arbre grandit.*
L'ouvrier travaille. *Le feu brûle.*

209. Trouvez et écrivez les sujets des verbes dans les phrases suivantes : MODÈLE : *Qui est-ce qui travaille?* Le père, *père est le sujet de* travaille.

Le père travaille. *Le chat miaule.*
La violette sent bon. *La neige est froide.*
La rose fleurit. *Le serin est jaune.*

210. Trouver un sujet à chacun des verbes suivants :

Souffle.	*Mange.*	*Court.*	*Écrit.*
Obéit.	*Marche.*	*Dort.*	*Cause.*
Meurt.	*Saute.*	*Lit.*	*Bavarde.*

210 *bis.* Choisissez plusieurs sujets pour chacun des verbes suivants :

	Qui est-ce qui...?
La neige et la glace	aiment leurs enfants
Le père et la mère	servent à nous éclairer
La bougie et le pétrole	pondent des œufs
Les poules et les canes	fondent au soleil
La pluie et le vent	brillent au firmament
La lune et les étoiles	couchent les blés
L'enfant travailleur	aime son navire
Le marin	travaille aux champs
Le laboureur	est récompensé.

CENT ONZIÈME LEÇON

Verbes en *ER*, *IR*, *OIR*, *RE* (*Revision*).

Devoirs.

211. Copiez en répondant à chaque question par le verbe qui convient. Vous indiquerez par un chiffre la conjugaison de ce verbe.

Modèle : Quel verbe signifie rendre blanc ? Blanchir 2.

Aimer	Quel verbe signifie : *rendre blanc?*
Blanchir	Quel verbe veut dire : *donner son cœur?*
Devoir	Quel verbe veut dire : *avoir des obligations?*

212. — Même devoir.

Promettre	Quel verbe veut dire : *rendre doux?*
Adoucir	Quel verbe veut dire : *être savant?*
Savoir	Quel verbe veut dire : *faire des promesses?*

213. — Même devoir.

Défendre	Quel verbe veut dire : *faire un travail?*
Travailler	Quel verbe veut dire : *rendre noir?*
Noircir	Quel verbe veut dire : *faire une défense?*

Orthographe. — Lisez et épelez : *On peut* parler, travailler, avancer, rester, maigrir, avouer, mettre, rire, sortir. *On peut aussi faire le contraire :* se taire, se reposer, reculer, partir, engraisser, nier, ôter, pleurer, entrer.

Vocabulaire. — Les mots que vous venez d'épeler ne sont-ils pas des verbes? Pourquoi? Rapprochez d'un verbe contraire chacun des verbes que vous venez d'épeler, et dites ensuite : on peut parler ou se taire. — On peut travailler ou se reposer, etc., etc. A quel moment est-il bon de parler? — Quand faut-il se taire?

CENT DOUZIÈME LEÇON

RÉCITATION

Le boiteux, le bossu et l'aveugle.

Me voilà vraiment bien loti,
Avec ma jambe en raccourci.
Clopin par-là, clopin par-ci!
Disait certain boiteux. Oh! çà, dame nature,
N'attendez pas un grand merci,
Car je fais dans ce monde-ci
Une pénitence assez dure. »
« Et ne suis-je pas donc, moi, joliment bâti?
Répondit un bossu passant par aventure.
Il faut, pour m'avoir fait ainsi,
Qu'on se soit trompé de mesure. »
Un aveugle les entendant
Tout aussitôt se mit à dire :
« Dussé-je aller toujours en clopinant,
Être bossu par derrière et devant,
Ah! si j'avais un pauvre œil seulement,
Que leurs propos me feraient rire! »

FLORIAN.

Élocution. — De combien d'infirmes est-il question dans cette fable? — Lequel vous paraît le plus à plaindre? — Quels sont cependant ceux qui se plaignent le plus? — Que veux dire le boiteux par ces mots : me voilà vraiment bien loti? — Si le boiteux avait pensé aux autres infirmes, se serait-il plaint? — Et le bossu? — L'aveugle lui-même, quoiqu'il fût le plus malheureux, avait-il pitié des autres? — Ces trois infirmes ne voient que leur mal. Ne doit-on pas, au contraire, essayer d'oublier son chagrin en consolant les autres?

CENT TREIZIÈME LEÇON

Le verbe et son sujet.

Lecture. — ***Blanche lit*** et ses ***sœurs écoutent.***

Explication. — C'est Blanche qui lit, ce sont ses sœurs qui écoutent; *lit* est au singulier comme son sujet *Blanche; écoutent* est au pluriel comme son sujet *sœurs*. C'est le sujet qui fait connaître si le verbe s'écrit au singulier ou au pluriel et à quelle personne il doit s'employer.

Lisez et apprenez :

114. Le verbe s'écrit au singulier si son sujet est un **nom singulier** ou l'un des pronons **Je, j', tu, il, elle**.

115. Le verbe s'écrit au pluriel si son sujet est un **nom pluriel,** ou l'un des pronoms **nous, vous, ils, elles**.

116. Le verbe s'écrit aussi à la même personne que son sujet.

Exercice oral.

214. Trouvez la personne des sujets et des verbes suivants et dites s'ils sont au singulier ou au pluriel.

Le moulin tourne — Il moud la farine — Les oiseaux chantent ; ils sautent de branche en branche — Le chien aboie, il garde la maison.

CENT TREIZIÈME LEÇON (*suite*).

Devoirs.

215. Indiquez la personne de chaque verbe, dites s'il est au singulier ou au pluriel et expliquez pourquoi.

MODÈLE : *Louise dit : dit est à la troisième personne du singulier parce que son sujet Louise est à la 3me personne et au singulier.*

Louise dit à sa poupée : *Je serai* ta mère et *tu seras* ma fille. *Je commanderai* et *tu obéiras*.

216. Mêmes devoirs qu'au n° 215.

(1) Mais la *poupée est* muette; *elle est* sourde, *elle est* insensible. — (2) Nous autres petites filles, *nous entendons* bien et *nous bavardons* souvent trop. — (3) Les *petits garçons bavardent* moins, mais *ils sont* plus tapageurs. — (4) Petites filles, petits garçons, *vous devriez* vous corriger.

217. Remplacez *je* par *nous*, *tu* par *vous*, *il* ou *elle* par *ils* ou *elles*, et mettez le verbe au pluriel.

MODÈLE : Je travaille. Nous travaillons.

Je travaille — tu chantes — elle joue.
Je danse — tu bavardes — il siffle.
Je mange — tu regardes — il marche.
J'écoute — tu lis — elle saute.
Je pense — tu parles — il étudie.
Je joue — tu nages — il répond.
Je bavarde — tu travailles — elle danse.
Je chante — tu manges — il regarde.
Je parle — tu penses — elle répond.

CENT QUATORZIÈME LEÇON

CONJUGAISON : **verbes irréguliers.**

LECTURE. — Maintenant : ***J'aime*** l'étude et ***je vais*** joyeusement en classe.

EXPLICATION. — J'*aime* est le présent du verbe *aimer*. Je *vais* est le présent du verbe *aller*. Mais j'*aime* ressemble à *aimer*, tandis que je *vais* ne ressemble pas à *aller*. Aller ne peut s'écrire sur le modèle *aimer* ; et *aller* est un **verbe irrégulier**.

Lisez et apprenez :

117. Les verbes en **er** qui ne s'écrivent pas sur *aimer* sont des **verbes irréguliers**. *Aller* est un verbe irrégulier.

(118)		(119)		(120)	
TEMPS PRÉSENT		TEMPS FUTUR		PRÉSENT CONDITIONNEL	
Je	*vais*	J'	*irai*	J'	*irais*
Tu	*vas*	Tu	*iras*	Tu	*irais*
Il	*va*	Il	*ira*	Il	*irait*
Nous	*allons*	Nous	*irons*	Nous	*irions*
Vous	*allez*	Vous	*irez*	Vous	*iriez*
Ils	*vont*	Ils	*iront*	Ils	*iraient*

121. Au PASSÉ INDÉFINI, on dit : Je *suis allé*, tu *es allé*, etc.

122. *Lisez*, *épelez* et *apprenez* le verbe **aller.**

CENT QUATORZIÈME LEÇON (*suite*).

Devoirs.

218. Copiez : 1° le présent; 2° le futur; 3° le présent conditionnel du verbe **aller**, en ajoutant après le verbe : 1° en promenade; 2° vite; 3° à l'aventure.

Modèle : *Maintenant je vais en promenade.*

219. Récitez les verbes :

Aller lentement.
Aller plus vite.
Aller hardiment.
Aller en courant.
Aller moins vite.
Aller à la fête.

Orthographe. — Lisez et épelez : *travailler*, *porter*, *rapporter*, *tromper*, *mentir*, *marauder*, *voler*, *mener*, *marcher*, *labourer*, *semer*, *chanter*, *livrer*, *tailler*, *courir*, *bouder*, *blanchir*, *tourner*, *vendre*, *acheter*, *souffler*.

Vocabulaire. — Formez avec chacun des verbes que vous venez d'épeler un nom de personne : *travailler*, *travailleur*, etc.

Que fait le travailleur? — Comment appelle-t-on le travail des mains? — N'y a-t-il pas des travailleurs dont l'esprit travaille autant et plus que les mains? — Nommez-en. — Qu'est-ce qu'un rapporteur? — Est-ce bien de rapporter le mal fait par vos compagnes ou par vos camarades? — Qu'est-ce qu'un trompeur? — Un menteur? — Un voleur? — Un maraudeur? — Voudriez-vous mériter l'un ou l'autre de ces titres? — Un marcheur va-t-il plus vite qu'un coureur? — Quel est le contraire d'un acheteur? etc., etc.

CENT QUINZIÈME LEÇON

Rédaction d'après l'image.

Mademoiselle Brise-tout.

Questionnaire. — 1re *image*. 1. Que pensez-vous de l'enfant que vous voyez sur cette image? — 2. Où sont ses jouets et dans quel état sont-ils? — 2e *image*. 3. Que voyez-vous sur cette image? — 4. Quelle recommandation la grande sœur fait-elle à Gaby? — 3e *image*. 5. Qu'est-il encore arrivé? — 6. Que vient faire la grande sœur? — 7. Qui s'y oppose? — 8. La maman fait-elle bien? — 9. Ferez-vous comme Gaby, ou comme sa grande sœur? — 10. Si la grande sœur avait les défauts de la fourmi, l'aimeriez-vous? — 11. Que doit faire Gaby pour ressembler à sa sœur?

Racontez de vive voix cette histoire.

Devoir.

220. Essayez d'écrire en entier et comme vous le pourrez l'histoire que vous venez de lire.

CENT SEIZIÈME LEÇON

Le complément du verbe.

LECTURE.

Suzanne
offre (quoi ?)
des ***fleurs***
(à qui?)
à sa ***mère***.

EXPLICATION. — Si je disais *Suzanne offre*... vite on demanderait *offre quoi?* et je répondrais des **fleurs**. Le nom *fleurs* est le **complément** du verbe *offre;* et à *sa mère* est encore un complément de *offre*. Le **complément achève** le sens du verbe.

Lisez et apprenez :

123. Le **complément** du verbe est le mot qui **achève**, qui finit de dire ce que le verbe avait commencé.

124. Pour trouver le complément du verbe on fait **après** le verbe l'une des questions : **qui, quoi, à qui, à quoi;** le mot qui répond à la question est le complément.

CENT SEIZIÈME LEÇON (*suite*).

Devoirs.

221. <u>COPIEZ</u>: *Je berce <u>mon frère</u>. Je berce qui? mon frère. <u>frère</u> est le complément de berce.*

222. Même devoir qu'au n° 225 avec les phrases suivantes :

J'aime papa.	*Il range son livre.*
Tu prends ton livre.	*Je chéris maman.*

223. Faites une liste des compléments contenus dans les phrases suivantes :

Le maître instruit les écoliers. — Le chien garde la maison. — Caïn tua son frère Abel. — La brebis aime son agneau. — Le pain nourrit l'homme. — La sœur aînée remplace sa mère. — Je finis mon devoir. — J'écris à mon père.

224 *a*. Donnez oralement un ou deux compléments aux verbes suivants :

J'achèterai (quoi)? — *Le chapelier vend* (quoi)? — *Le mendiant demande* (quoi)?... (à qui)? — *Tu apprends* (quoi)? — *Tu réciteras* (quoi)?... (à qui)?

224 *bis*. Même exercice qu'au n° 224 *a*.

Je mettrai (quoi)?... pour sortir. — *Je jouerai* (avec qui)? — *Tu sauteras* (à quoi)? — *Tu chanteras* (quoi)? — *Nous aimons* (qui)? — *Vous obéissez* (à qui)? — *Ils étudient* (quoi)?

CENT DIX-SEPTIÈME LEÇON

CONJUGAISON : **verbes irréguliers** (*suite*).

LECTURE. — Je finis mon devoir et je ***sors*** aussitôt.

EXPLICATION. — *Je finis* est le présent du verbe *fin*ir. Je *sors* est le présent du verbe *sort*ir, mais **sortir** ne s'écrit pas comme **finir** ; et *sortir* est un **verbe irrégulier**.

Lisez et apprenez :

125. Tous les verbes en **ir** qui ne s'écrivent pas sur **finir**, sont des verbes irréguliers :

	PRÉSENT		127. PASSÉ IMPARFAIT	
126. **Sentir :**	Je	*sens*	Je	*sentais*
	Tu	*sens*	Tu	*sentais*
	Il	*sent*	Il	*sentait*
	Nous	*sentons*	Nous	*sentions*
	Vous	*sentez*	Vous	*sentiez*
	Ils	*sentent*	Ils	*sentaient*

127. PASSÉ INDÉFINI, FUTUR et PRÉSENT CONDITIONNEL, J'ai senti... Je sentirai... Je sentirais.

Devoir. — **225.** Écrivez : 1° au présent : *Sentir une rose;* 2° à l'imparfait : *Sentir du regret d'avoir désobéi.*

Orthographe. — Épelez : *utile, tranquille.* — Formez un nom en **té**, et un verbe en **ser** avec chacun des adjectifs que vous venez d'épeler.

Vocabulaire. — L'attention vous est-elle utile pour bien écouter vos leçons? — La mémoire vous est-elle aussi utile? — Pourquoi? — A quoi vous sont utiles la politesse, la douceur, l'amabilité? — Qu'est-ce qu'un caractère tranquille? — La tranquillité est-elle utile dans la classe?

1. Faire conjuguer oralement sur **sentir** : les verbes *mentir*, *sortir*, *servir*, *dormir*, etc.

CENT DIX-HUITIÈME LEÇON

RÉCITATION

L'enfant et le chat.

Tout en se promenant, un bambin déjeunait.
De la galette qu'il tenait.
Attiré par l'odeur, un chat vient, le caresse,
Fait le gros dos, tourne et vers lui se dresse.
« Oh! le joli minet! » Et le marmot charmé
Partage avec celui dont il se croit aimé.
Mais le flatteur à peine obtient ce qu'il désire,
Qu'au loin il se retire.
« Ha! ha! Ce n'est pas moi, dit l'enfant consterné,
Que tu suivais, c'était mon déjeuné. »

GUICHARD.

Élocution. — Que faisait le bambin dont on parle dans la fable? — Qu'est-ce qu'un bambin? — Que fait le chat? — Avez-vous déjà vu les chats faire le gros dos et s'approcher de vous en faisant ronron? — Sont-ils gracieux ainsi? — L'enfant trouve-t-il aussi son chat joli et gracieux? — Que fait-il? — Que fait aussitôt le chat? — Quelle réflexion fait alors le petit enfant? — Croyez-vous qu'il y ait des flatteurs ailleurs que parmi les chats? — Parmi vous, n'en avez-vous pas déjà rencontré? — Faut-il les écouter? — Le chat, en se sauvant, craignait de voir le petit enfant lui reprendre sa galette; mais l'enfant qui se sauve, sans dire merci, lorsqu'on lui a donné quelque chose n'a pas d'excuse, il est impoli et ingrat. — Ferez-vous comme le chat?

CENT DIX-NEUVIÈME LEÇON.

L'attribut. — La proposition.

LECTURE. — *Dieu* est *bon*.

EXPLICATION. — Dieu est *quoi?* bon, **bon** n'est pas le complément du verbe *est; bon* marque la *qualité de Dieu*, il est son **attribut**.

Le verbe **être** n'a pas de complément; le mot qui achève le sens commencé par le **sujet** et par le verbe **être** s'appelle **attribut**.

Lisez et apprenez :

128. Le mot qui marque la qualité du **sujet** du verbe **être** s'appelle l'**attribut** du **sujet**.

129. Pour trouver l'**attribut** on fait, **après** le verbe **être**, la question **quoi** ou **comment?**

130. Le **sujet**, le **verbe** et l'**attribut réunis** forment une **proposition**[1].

Devoir. — **226.** Copiez et trouvez l'attribut.

Attributs : né — charpentier — annoncée — soumis — obéissant.

MODÈLE : *Le petit Jésus est né.*

Le petit Jésus est ... dans une étable et sa naissance fut ... aux Mages par une étoile miraculeuse. Jésus était ... comme saint Joseph. Jésus fut ... à saint Joseph et à la sainte Vierge sa mère, comme un petit enfant est ... envers ses parents.

1. Faire composer de vive voix par les enfants de petites propositions : *mon crayon est rouge, ma mère est bonne*, et leur faire indiquer les sujets, les verbes et les attributs.

CENT VINGTIÈME LEÇON

CONJUGAISON : **verbes irréguliers** (*suite*).

LECTURE. — ***Je reçois*** un livre et ***Je sais*** m'en servir.

> EXPLICATION. — *Je reçois* est le présent du verbe *recevoir*. *Je sais* est le présent du verbe *savoir*. Mais *savoir* ne s'écrit pas sur *recevoir*, **savoir** est un verbe irrégulier.

Lisez et apprenez :

131. Tous les verbes en **oir** qui ne s'écrivent pas sur *recevoir*, sont des verbes irréguliers.

132. Verbe **savoir** :

PRÉSENT		PASSÉ IMPARFAIT	
Je	*sais*	Je	*savais*
Tu	*sais*	Tu	*savais*
Il ou *elle*	*sait*	Il ou *elle*	*savait*
Nous	*savons*	Nous	*savions*
Vous	*savez*	Vous	*saviez*
Ils ou *elles*	*savent*	Ils ou *elles*	*savaient*
FUTUR		**CONDITIONNEL PRÉSENT**	
Je	*saurai*	Je	*saurais*
Tu	*sauras*	Tu	*saurais*
Il ou *elle*	*saura*	Il ou *elle*	*saurait*
Nous	*saurons*	Nous	*saurions*
Vous	*saurez*	Vous	*sauriez*
Ils ou *elles*	*sauront*	Ils ou *elles*	*sauraient*

Devoir.

227. Écrivez : 1° au présent; 2° à l'imparfait; 3° au futur; 4° au conditionnel, le verbe : *savoir ses leçons*.

CENT VINGT ET UNIÈME LEÇON

Rédaction d'après l'image.

Un jour heureux.

Questionnaire. — 1re *image*. 1. Que fait la petite Anna sur cette image? — 2e *image*. 2. Qui voyez-vous sur cette image? — 3. Anna récite-t-elle un compliment? — 4. Que croyez-vous qu'elle dise à sa maman? — 3e *image*. 5. Comment se terminent ces beaux souhaits de fête? — 6. La fête de votre maman est-elle prochaine? — 7. Si vous essayiez de savoir bien écrire et bien lire pour ce jour-là, croyez-vous qu'elle ne serait pas contente de son enfant? — 8. N'y a-t-il qu'à votre maman que vous devez présenter des souhaits de fête? — 9. Pourquoi devez-vous aussi penser à votre père? — 10. De qui êtes-vous l'enfant chéri? (De tous les deux.)

Racontez de vive voix cette histoire, et dites ce que vous avez l'intention de faire, pour être agréable à votre maman le jour de sa fête.

Devoir.

228. Essayez d'écrire ce que vous venez de raconter.

CENT VINGT-DEUXIÈME LEÇON

Revision.

Lisez et apprenez :

133. Nous parlons et nous écrivons ce que nous pensons.

134. Pour parler et pour écrire on se sert de *mots*.

135. Dans les mots, il y a des *noms*, des *pronoms*, des *adjectifs* et des *verbes*.

136. Les verbes ont des *sujets* et des *compléments*. Les sujets ont des *attributs*.

137. Le sujet, le verbe et l'attribut réunis forment une *proposition*.

Devoir.

229. Copiez et soulignez les noms, les pronoms, les adjectifs et les verbes.

MODÈLE : *Voici dix mois que je viens.*

Voici dix mois que je viens en classe. Je parle assez bien, mais je parlerai mieux l'année prochaine. Je sais aussi écrire, mais mon écriture n'est pas belle. Papa dit que c'est ma lecture qui va le mieux, mais maman trouve que je récite gentiment mes fables et que je suis plus obéissante et surtout plus polie. En classe j'apprends non seulement à lire, à écrire et à compter, mais aussi à devenir une petite fille honnête, bonne et bien élevée.

CENT VINGT-TROISIÈME LEÇON

CONJUGAISON : **Revision.**

Lisez et apprenez :

138. Les verbes sont de la première, de la deuxième, de la troisième ou de la quatrième conjugaison, comme *aim*er, *fin*ir, *rece*voir, *rend*re.

139. Les verbes s'écrivent au **présent,** au **passé** ou au **futur** : *A présent*, **je joue.** *Hier*, **j'ai joué.** *Demain*, **je jouerai.**

140. Les verbes ont un **singulier** : *Je ris ;* ils ont aussi un **pluriel** : *Nous rions.*

Devoirs.

230. Copiez et indiquez après chaque verbe la conjugaison de ce verbe :

Appeler — rougir — entendre — voir — chauffer — prier — gémir — craindre — soupirer — asseoir.

231. Copiez et écrivez après chaque verbe : *présent*, *passé* ou *futur*, *singulier* ou *pluriel.*

Aujourd'hui le soleil brille — Demain nous sortirons — Hier il a plu — A présent tu lis bien — Autrefois tu lisais mal — Bientôt vous lirez parfaitement.

Orthographe. — *Lisez et épelez :* embellir, belle, beauté, — alourdir, lourde, lourdeur — allonger, longue, longueur — sécher, sèche, sécheresse — adoucir, douce, douceur — endurcir, dure, dureté.

Vocabulaire. — Reconnaissez dans les mots que vous venez d'épeler : 1° les verbes ; 2° les adjectifs ; 3° les noms. — Expliquez chaque verbe à l'aide de l'adjectif et du nom qui le suivent. Modèle : *embellir* une chose c'est la rendre *belle*, lui donner de la *beauté*.

CENT VINGT-QUATRIÈME LEÇON

RÉCITATION

Le pinson et la pie.

Apprends-moi donc une chanson,
Demandait la bavarde pie
A l'agréable et gai pinson
Qui chantait au printemps sur l'épine fleurie.
— Allez, vous vous moquez, ma mie,
A gens de votre espèce, ah ! je gagerais bien
Que jamais on n'apprendra rien.
— Hé, quoi ! la raison, je te prie ?
— Mais c'est que pour s'instruire et savoir bien chanter
Il faudrait savoir écouter,
Et jamais babillard n'écouta de sa vie.

Mme DE LA FÉRAUDIÈRE.

Élocution. Qui parle au commencement de cette fable ? — A qui s'adresse la pie ? — Quel est le défaut de la pie ? — Et quelles sont les qualités du pinson ? — Où était le pinson et que faisait-il ? — Que répond-il à la pie bavarde ? — Que faut-il faire suivant le pinson, pour s'instruire et savoir chanter ? — Que dit le pinson des babillards ? — En parlant à la pie des *gens de son espèce* le pinson ne désigne-t-il que les pies, les perroquets et autres animaux parleurs ? — N'êtes-vous pas quelquefois aussi bavards que des pies ? — Est-ce bien honorable pour des petits enfants bien élevés de mériter d'être placés au nombre des gens de même espèce que la pie ? — Que ferez-vous désormais pour ne plus mériter la leçon donnée par le pinson à tous les babillards ?

TABLE DES MATIÈRES

GRAMMAIRE

CONJUGAISON

RÉDACTIONS D'APRÈS L'IMAGE

Exercices d'observation et de composition.

(20)

EXERCICES DE RÉCITATION ET D'ÉLOCUTION

(21)

ORTHOGRAPHE-VOCABULAIRE

(39)

Paris. — Imp. E. CAPIOMONT et Cie, rue de Seine, 57.

A la même Librairie.

NOUVELLE

MÉTHODE DE DESSIN

par **Eug. FOREL**, O.

Diplômé de Cluny (Enseignement secondaire)

COURS ÉLÉMENTAIRE

(Dessin à main levée)

1er Cahier. — *Droites.* — *Opérations sur les droites.*
2e Cahier. — *Angles.* — *Leur construction.*
3e Cahier. — *Triangles.* — *Quadrilatères (carré, losange, rectangle).*
4e Cahier. — *Quadrilatères (parallélogramme, trapèze).* — *Circonférence.* — *Polygones.*
5e Cahier. — *Polygones étoilés.* — *Division des arcs.* — *Revisions.*

COURS MOYEN

(Dessin à main levée et étude sommaire des instruments).

6e Cahier. — *Droites et angles.*
7e Cahier. — *Triangles.* — *Quadrilatères.* — *Polygones.* — *Courbes usuelles.*
8e Cahier. — **Ornements. — Feuilles. — Fleurs. — Broderies.**
9e Cahier. — *Relevé géométral.* — **Patrons.**
10e Cahier. — *Perspective.* — *Dessin d'après nature.* — *Objets usuels.*

10 Cahiers de 16 pages, format in-4° couronne (17 1/2 × 2)
le cent............. 9 fr.

COURS SUPÉRIEUR ET COMPLÉMENTAIRE

11e Cahier. — *Emploi des instruments : Dessin géométrique.*
12e Cahier. — *Emploi des instruments : Relevé géométral. Moulures. Ordres d'architecture.*
13e Cahier. — *Emploi des instruments :* **Étude élémentaire de la perspective;** *procédés graphiques. (Perspective cavalière. — Perspective conique.)*
14e Cahier. — *Applications ornementales :* **Composition décorative.**
15e Cahier. — *Paysage.* — *Figure.*

5 Cahiers-Recueils format in-4°, couronne, le cent. **15 fr.**

Les Cahiers 11 à 15 sont uniquement des recueils de modèles et de petits traités, succincts mais clairs et complets, de tel ou tel genre de dessin ; on n'y a donc pas réservé d'espaces pour le travail de l'élève. Nous pouvons affirmer que rien n'a encore été présenté au public des écoles qui se puisse comparer à cette série de nos cinq derniers cahiers, ni puisse offrir, sous une forme plus simple une plus nombreuse collection d'exercices variés. (Le 14e cahier, par exemple, contient 92 figures.)

PARTIE DU MAITRE. — *Section enfantine, cours élémentaire, cours moyen.* — Un vol. in-8° écu, relié percaline. Prix. **2 fr. 50**

2e volume. — *Cours supérieur et complémentaire* (sous presse).

3.

www.ingramcontent.com/pod-product-compliance
Ingram Content Group UK Ltd.
Pitfield, Milton Keynes, MK11 3LW, UK
UKHW021117220726
13924UKWH00004B/1772